Retrouver
le goût de la vie

Anselm Grün

Retrouver le goût de la vie

Traduit de l'allemand
par Corinna Gepner

Albin Michel

Albin Michel
■ *Spiritualités* ■

Ouvrage publié sous la direction
de Jean Mouttapa

Introduction

À L'HEURE actuelle, on entend constamment parler de « burn-out ». C'est le terme qu'emploient les dirigeants d'entreprise lorsque je les accueille en séminaire. Pourtant, en les écoutant attentivement, je m'aperçois la plupart du temps qu'ils ne souffrent pas d'une dépression d'épuisement, ils sont juste fatigués. Après des années d'engagement et d'efforts pour dynamiser leur entreprise et créer un climat de travail plus humain, ils sont fatigués de se battre. Ils ont le sentiment de lutter contre des moulins à vent. Cette fatigue n'est pas physique, elle est mentale. Leur âme a perdu son ressort, elle n'a plus d'élan. Leur enthousiasme initial s'est dissipé, cédant la place à un sentiment de fatigue chronique.

Les dirigeants d'entreprise ne sont pas les seuls à être touchés par la fatigue. Une femme me disait récemment : « Je me suis démenée pour sauver mon mariage. J'ai traîné mon mari faire une thérapie de couple, j'ai tout essayé. Mais cela n'a servi à rien. Je suis fatiguée de tous ces efforts. » Je connais aussi une femme qui a enchaîné les thérapies sans avoir le sentiment que cela la faisait avancer. Du coup, elle a fini par se lasser de ce travail. Elle a expérimenté tout ce que proposent les magazines : comment mener une vie saine, comment se détendre, comment pratiquer l'hygiène mentale. Des méthodes qui promettent beaucoup mais qui, au fond, ne sont pas d'une grande aide. Or la vraie question est de savoir ce que cherche cette femme. Ce qu'elle attend de la vie. La fatigue l'invite à s'interroger sur les espoirs qu'elle a placés dans toutes ces méthodes et ces thérapies.

La fatigue n'est pas seulement un phé-nomène individuel, il existe aussi une fatigue collective, qui touche notamment l'Église et la politique. Il y a, bien sûr, la lassitude des fidèles et des croyants, mais aussi la fatigue qui affecte l'institu-tion de l'Église. De même, s'il y a une lassitude individuelle à l'égard de la poli-tique, il ne faut pas méconnaître la fatigue dont souffre la politique même dans son ensemble.

Quand les gens se disent fatigués, il ne s'agit pas de ce syndrome de burn-out qui a fait couler tant d'encre ces der-niers temps. Le burn-out, en effet, est un état d'épuisement « physique ou mental résultant de sentiments négatifs persistants qui se développent dans le cadre professionnel et dans l'image que l'individu se fait de lui-même[1] ». Les symptômes du burn-out sont les suivants : « grande réticence à aller travailler, sentiment d'échec, irritation et dégoût, sentiment de culpabilité, découragement et indifférence, pessimisme, isolement et retrait, sentiment quotidien de fatigue et d'épuisement[2] ».

L'expression « Je suis fatigué » peut renvoyer à un état de burn-out. Mais la plupart du temps, c'est un sentiment de fond, qui n'est pas lié à la maladie ou à la dépression d'épuisement. Elle exprime l'inanité de la lutte, parfois même la résignation. C'est souvent une lassitude psychique. Cela dit, je rencontre aussi des personnes physiquement fatiguées : elles s'endorment en conférence, devant la télévision et même parfois au volant de leur voiture. Elles sont éreintées. Cette fatigue peut avoir des causes physiologiques : carence en fer, infection virale, fatigue saisonnière… Les formes et les causes de fatigue sont multiples.

Dans le *Süddeutscher Zeitung* du 8 octobre 2010, le journaliste Christof Kneer s'entretenait avec le footballeur Philipp Lahm et il l'interrogeait sur la fatigue de son équipe après la Coupe du monde. À la question de savoir si cette fatigue était physique ou psychique, Lahm répondait : « On ne peut pas les séparer, mais elles se présentent dans un certain ordre : c'est la fatigue psychique qui se manifeste en premier et qui influence la forme physique. » Lahm expliquait le manque de tonus de son équipe par l'absence de pause entre la saison de football et la Coupe du monde. Et il en évoquait les conséquences. L'équipe, qui se retrouvait tout d'un coup en bas du classement, ne pouvait plus se permettre la moindre défaillance : « En même temps, on s'aperçoit que ça ne va pas, alors on loupe une chance à l'avant, on fait une faute à l'arrière, ça ne fonctionne pas comme on voudrait, la pression augmente. C'est comme une réaction en chaîne : au départ, il y a le psychisme, ensuite le corps et, pour finir, on en revient au psychisme parce qu'on a perdu confiance en soi. »

Le phénomène que Lahm décrivait, à savoir l'influence de la fatigue psychique sur la forme physique ainsi que la perte de confiance en soi qui en résulte, est valable pour tout le monde. Tout d'un coup, rien ne va plus dans la vie, tout devient difficile. De l'extérieur, cela ne se voit pas nécessairement. Mais dans le psychisme et dans le corps quelque chose n'est plus là.

Le sentiment de fatigue :
un indicateur spirituel

On se fatigue à tout âge. Les enfants sont fatigués après avoir joué toute la journée. Les jeunes sont fatigués le soir – et plus encore le matin, quand il s'agit de se lever. Il leur semble alors qu'en continuant à dormir, ils évacueront leur fatigue. Les adultes éprouvent de la fatigue lorsqu'ils travaillent beaucoup ou ne dorment pas assez. La fatigue dont j'aimerais parler dans ce livre, je la rencontre chez des personnes de tous âges. Mais elle me paraît toucher surtout ceux qui ont entre cinquante et soixante ans. La crise du milieu de vie, avec ses réorientations, est derrière eux. À cette occasion, ils se sont interrogés : « Vais-je continuer à progresser professionnellement ou bien ai-je atteint mes limites ? Qu'est-ce qui compte à présent dans ma vie ? »

Ce moment de l'existence est une invitation à se tourner vers soi-même. C'est ce que dit Carl Gustav Jung : quand la courbe biologique amorce un mouvement descendant, la courbe psychologique ne peut s'élever que si l'individu se tourne vers son intériorité, son centre, son Soi. Or, entre cinquante et soixante ans, je remarque une tout autre disposition d'esprit. On a beaucoup travaillé sur soi. On a affronté la crise, changé de vie, trouvé un nouveau rythme, abandonné ses mauvaises habitudes alimentaires. On a suivi des cours de développement personnel et de méditation. On s'est essayé à de nombreuses formes de spiritualité, on a beaucoup lu. Et puis la fatigue s'installe. Les attentes nées d'une crise heureusement surmontée, les nouvelles voies spirituelles et thérapeutiques, les conseils auxquels on a obéi en matière de sport et d'hygiène de vie, rien de tout cela ne nous a finalement rendus plus heureux. Alors la fatigue survient : à quoi bon avoir travaillé sur soi-même, essayé tant de choses ? Qu'est-ce que cela nous a apporté ? Sommes-nous vraiment heureux ?

Il est bon de ne pas repousser cette fatigue. Le danger, en effet, serait de refuser de reconnaître que les chemins suivis ne nous ont pas permis d'atteindre notre but. La fatigue nous oblige donc à nous poser derechef la question de ce qui compte dans notre existence. Nous avons vécu consciemment. Nous avons suivi les conseils spirituels de la tradition chrétienne. Nous nous sommes engagés sur des voies ésotériques. Nous avons exploré les religions orientales et pratiqué la méditation zen. Mais si nous voulons être honnêtes, nous avouerons que rien de tout cela n'a produit l'ultime accomplissement. Certains préfèrent se le cacher : ils ont fait trop d'efforts pour accepter de remettre en question ce qu'ils vivent. Alors ils parlent avec enthousiasme de la voie spirituelle qu'ils sont en train de suivre, ils ont l'impression d'avoir enfin atteint l'essentiel. Or plus les gens s'extasient en ce domaine, plus je suis sceptique. J'ai souvent l'impression qu'ils essaient de justifier leur mode de vie, aux yeux des autres, certes, mais surtout aux leurs. Car, au fond, ils doutent de sa pertinence. Cette fatigue que bien des gens refoulent serait pourtant l'occasion de repenser une fois de plus sa vie : que souhaite-t-on manifester au travers de son existence ? Qu'attend-on de la vie, de Dieu, de soi-même ?

L'expérience de la fatigue n'est pas chose nouvelle. Friedrich Rückert[3] décrivait déjà ce phénomène dans son poème « Je suis fatigué ».

Je suis fatigué

Je suis fatigué, fatigué à mourir ;
Je suis fatigué, fatigué de la vie ;
Je suis fatigué, oh, si fatigué
De la crainte et du désir,
De l'espoir et de la peur ;
Fatigué de ce va-et-vient
Entre ciel et terre,
Fatigué de tisser ma toile,
Fatigué de tisser ce cocon,
Fatigué de la sagesse des fous,

Fatigué de la fierté du fardeau.
Envole-toi, ô mon esprit, ne te fatigue plus
À vouloir secouer ton joug !
Élance-toi vers ton ciel,
Arrache-toi à l'épuisement de la poussière.

Friedrich Rückert décrit avec beaucoup de justesse les différentes formes de fatigue. Le poète est las de vivre, d'espérer en vain, de nourrir des rêves qui ne se réalisent jamais. Il est fatigué de cette sagesse humaine qui se révèle complètement illusoire, et qui est souvent le fait de présomptueux prétendant connaître la vie. Pour sa part, il invite l'esprit à prendre son envol, à se libérer intérieurement de la poussière à laquelle il adhère, des normes humaines, de l'éloge ou de la critique. Il l'invite à aller à la rencontre de lui-même.

En matière de spiritualité, cela voudrait dire que la fatigue que nous éprouvons en ce monde nous renvoie à un au-delà du monde, à l'intériorité de l'âme, où nous sommes pleinement nous-mêmes, libérés de ces hésitations qui nous épuisent. La fatigue nous exhorte à trouver notre véritable Moi, celui qui échappe à l'emprise du monde.

Dans cet ouvrage, j'examinerai donc les diverses modalités de la fatigue et j'envisagerai le phénomène sous des angles multiples. J'en interrogerai les causes et proposerai des voies d'action. Pour ce faire, je m'appuierai sur mon expérience personnelle et sur celle d'autrui. La tradition spirituelle – notamment dans son interprétation de la Bible – nous aidera à reconnaître dans la fatigue un thème de la vie spirituelle et à trouver une possibilité de l'intégrer dans notre existence.

Je n'ai pas rédigé un traité en bonne et due forme, j'ai simplement couché par écrit les pensées qui me venaient sur le sujet. Je me suis laissé inspirer par les réflexions des philosophes et des poètes, des hommes pieux et moins pieux. Et j'espère, chers lecteurs, que ce livre vous invitera à votre tour à réfléchir sur votre fatigue et à chercher les moyens de la travailler afin de retrouver goût à la vie.

1

Les diverses expériences de la fatigue

L'usage du terme dans la langue

L E MOT « fatigue » désigne un état d'affaiblissement, de diminution de l'activité résultant d'un effort excessif. Un cœur fatigué aspire à se reposer. On peut être fatigué de travailler, de voyager, mais aussi de se languir. Schiller fait dire à Marie Stuart : « Je suis fatiguée de vivre et de régner. » Et si la souffrance est source de fatigue, on se fatigue aussi de souffrir.

En général, le mot « fatigue » évoque pour nous les peines et les aléas de l'existence. La tradition spirituelle, toutefois, a développé une autre compréhension de la fatigue. Elle la considère comme une chance. Une chance de transformer la vie, mais aussi de doter l'âme de la capacité de recevoir. Dans la fatigue, en effet, l'âme se révèle attentive et réceptive à d'autres messages. Elle comprend que l'essentiel n'est pas de se montrer performant et de s'épuiser en efforts, mais d'être, tout simplement. D'être par la grâce.

La fatigue peut donc nous introduire à des thèmes essentiels de la vie spirituelle, comme le loisir, la contemplation, la réceptivité, la vie dans la grâce et l'humilité qui est nécessaire pour se conformer au rythme de l'âme et du corps. La tradition spirituelle nous montre comment nous servir de la fatigue d'une manière bien différente de celle que préconisent les ouvrages sur la question. Il ne s'agit pas de lutter contre la fatigue, mais de vivre avec elle, de voir en elle une amie qui nous amène à notre vérité, au secret de Dieu et de l'homme.

La fatigue dans le domaine professionnel

Comme je l'ai déjà évoqué, j'entends souvent des gens qui ont passé de longues années à s'investir dans leur entreprise me dire : « Je suis fatigué. J'ai énormément donné, mais cela ne sert plus à rien. L'environnement économique devient de plus en plus difficile, il n'y a plus aucune chance de sauver la situation et de dynamiser l'entreprise. » D'autres se sont efforcés d'améliorer le climat de travail, mais n'en ont retiré qu'un sentiment de déception et d'impuissance. Ceux qui ont réfléchi avec des collègues aux moyens de pérenniser l'activité de leur entreprise n'ont pas été écoutés.

J'ai eu en entretien un homme qui avait soutenu son entreprise pendant des années et qui avait fini par se lasser en voyant que son nouveau chef ne cherchait qu'à gagner de l'argent et ne s'intéressait pas du tout à la qualité de ses collaborateurs. Celui-ci ne comprenait pas qu'en se bornant à aiguillonner ses employés sans reconnaître leur valeur, il n'arriverait pas à augmenter leur productivité. L'homme en question voyait bien que l'on s'engageait dans la mauvaise direction, mais il ne parvenait pas à faire entendre raison à son chef. Dans ce genre de situation, il arrive un moment où l'envie et le plaisir de travailler disparaissent complètement. On continue de le faire autant qu'il est nécessaire et on respecte les règles, mais la force et l'idéalisme se sont perdus.

L'homme qui me parlait de sa fatigue à l'égard de ce chef qui dégradait le climat de travail avait cinquante-cinq ans. Or ce type de fatigue me paraît caractéristique de la période entre cinquante et soixante-trois ans, c'est-à-dire celle qui précède la retraite. On a encore quelques années de travail devant soi et on veut les mettre à profit. Cet homme n'avait pas cédé à la résignation. Tout en reconnaissant sa fatigue, il entendait bien continuer à dire ce qu'il pensait, même si cela agaçait son supérieur. Il avait trouvé en lui-même la liberté de le faire. Sa fatigue, justement, l'avait préservé de la frustration ou de l'amertume. D'un côté il était las d'œuvrer à améliorer le climat de l'entreprise, de l'autre il ne voulait pas renoncer. Pour lui, la solution consistait à admettre sa fatigue tout en faisant entendre son point de vue d'une manière tranquille, confiante, sans s'acharner, avec l'espoir que ses paroles seraient comme des graines qui finiraient par germer. Sa fatigue avait transformé sa façon de travailler. Son action sentait davantage la liberté, le calme et l'espoir.

Souvent, le sentiment de fatigue résulte d'un déséquilibre. Un chef d'entreprise m'a dit ainsi : « Je suis fatigué d'avoir chaque jour à arbitrer les conflits, de devoir sans arrêt me consacrer à des problèmes banals et de résoudre les broutilles du quotidien. » Ou c'est un accompagnant qui déclare : « Je suis fatigué, je n'ai plus envie d'entendre les problèmes des uns et des autres. Le plus épuisant, ce sont les histoires de couples ou d'amis. J'y ai consacré un temps fou. Maintenant, ça suffit, j'aimerais enfin m'occuper de moi. »

Ces sentiments-là doivent être pris au sérieux. Ils montrent que nous avons franchi une limite ou mené une vie trop déséquilibrée en faveur des autres. À présent, nous devons nous recentrer sur nos propres besoins. La fatigue nous invite à donner plus d'existence à ce pôle de notre vie que nous avons négligé. Nous y parviendrons en nous occupant de nous-mêmes ou en agissant de manière créative. La fatigue attire notre attention sur la nécessité de ne pas dépasser nos limites. Quand on le fait, ce n'est jamais impunément.

Le sentiment de fatigue ou de répugnance est toujours le signe qu'il faut retrouver le contact avec soi. Si nous voyons en la fatigue une impulsion de notre âme, nous en éprouverons de la reconnaissance et saurons ce qu'il y a à faire. En nous occupant davantage de nous-mêmes, nous retrouverons aussi le plaisir de nous intéresser à autrui. Mais quand nous passons outre la fatigue, nous développons une résistance ou un dégoût à l'égard de ce qui nous fatigue. Et ce dégoût peut aller jusqu'à la nausée – l'estomac se rebelle contre l'excès de sollicitation. Dégoût, écœurement, là aussi on retrouve l'idée de nausée en plus du découragement. Ceux qui n'écoutent pas ce que leur dit la fatigue cèdent à l'abattement et à la mauvaise humeur.

Dans ma tâche d'accompagnement, j'ai fait une expérience singulière de la fatigue. En cours d'entretien, il m'arrive d'éprouver de la lassitude. Avant, j'avais tendance à penser que cette fatigue venait de moi. Je me disais, par exemple, que je n'avais pas assez dormi, alors j'avais recours au café pour me réveiller. Mais en discutant avec mes collègues, je me suis aperçu que cette fatigue apparaissait toujours lorsque mon interlocuteur évitait de parler de ce qui l'agitait réellement. Il esquivait l'essentiel, à savoir sa vérité intérieure, sa capacité à s'en saisir et à ouvrir des voies nouvelles dans sa vie privée ou professionnelle.

Il y a des managers ou des collaborateurs qui sont fatigués de s'être investis pour rien. Après avoir beaucoup travaillé, mis leurs forces au service de leur entreprise, de leur parti ou de leur association – et l'avoir fait de bon cœur –, ils sentent qu'ils n'ont plus de répondant. Or ce ne sont pas les circonstances extérieures qui sont en cause, mais leur disposition intérieure. Ils se heurtent à leurs limites physiques et psychiques, ils s'aperçoivent qu'ils n'ont plus leur forme d'autrefois. L'âge réclame son tribut. Dans leur métier, ils ont obéi à l'injonction d'être forts, de ne jamais montrer leur fatigue. Mais désormais, la lassitude est là. Et elle résulte d'un refoulement prolongé des phases de fatigue. Le ressort s'est rompu sous l'effet du surmenage.

Il y a une autre cause de fatigue professionnelle : la perte des valeurs. Certaines entreprises diffusent à l'extérieur un code de valeurs, développent des orientations qu'elles font imprimer sur du beau papier glacé. Mais tout cela, c'est pour la galerie. En interne, ce code reste dans les tiroirs. Or les valeurs (en latin *virtutes*) sont source de force. Ce sont elles-mêmes des forces, qui donnent de la force. Quand les valeurs font défaut, la force d'engagement ne peut se manifester. En l'absence de valeurs, une entreprise n'a elle-même aucune valeur. Et dans ce cas, pourquoi voudrait-on s'engager en sa faveur ?

Certains se voient confrontés à des tâches insurmontables – supprimer des postes, par exemple. Ils sentent, ce faisant, qu'ils ne portent pas seulement préjudice aux collègues licenciés, mais qu'ils accroissent aussi la charge de travail de ceux qui restent. Lorsqu'on doit agir en désaccord avec sa conscience, on se fatigue. Au début, on essaie encore d'expliquer que l'entreprise ne peut survivre qu'en réduisant ses coûts. Mais ces arguments perdent leur sens quand on voit la façon dont l'argent est gaspillé dans d'autres domaines. Or, si l'on ne croit plus à la justesse des mesures qu'on applique, il devient difficile de les justifier. Et la nécessité d'agir à l'encontre de ses convictions est épuisante. On n'a plus envie de faire des contorsions, on finit par sentir son énergie se retourner contre soi-même. Et il n'en reste plus pour ce qui a du sens.

Un employé m'a raconté que son chef ne cessait de le bombarder de courriels absurdes pour lui demander des informations sur tel ou tel sujet. Il consacrait énormément de temps et d'énergie à les lui fournir tout en ayant le sentiment de se livrer à une tâche profondément inutile, qui ne servait qu'à satisfaire la vanité de son chef ou à calmer son anxiété. Il avait essayé de prendre du recul et de questionner l'utilité de certaines demandes, mais cela n'avait fait que renforcer l'autoritarisme de son supérieur. Il est évidemment usant de travailler dans de pareilles conditions. Cet homme avait l'impression que sa force de travail était au service de l'immaturité de son chef. Comment, dans ce contexte, ne pas perdre son énergie ?

La fatigue se rencontre dans de nombreux domaines professionnels, pas seulement dans les grandes entreprises. Je la constate aussi dans le secteur social. Je connais ainsi une jeune enseignante très impliquée, qui déborde d'idées, mais qui chaque fois qu'elle propose quelque chose, est confrontée à la même réaction de ses collègues : « Ça ne mène à rien. Ça ne fera que nous donner plus de travail et personne ne nous en saura gré. » Ce genre de réaction montre le climat de fatigue qui peut s'installer au sein d'un groupe d'enseignants. Cette fatigue paralysante, je la vois aussi à l'œuvre dans les services de consultation des psychologues ou à l'hôpital. Les jeunes psychologues et les jeunes médecins se trouvent freinés dans leur idéalisme. Leurs propositions ne se heurtent pas à des arguments mais à un profond sentiment de fatigue : « De toute façon, ça ne sert à rien. Je n'en ai pas envie. Ce que je fais me suffit, je ne veux pas qu'on m'en demande plus. »

La fatigue au sein du couple

En entretien, j'entends souvent dire : « J'ai investi tellement d'énergie dans mon couple ! J'ai abordé ce mariage avec tellement d'enthousiasme et d'amour ! Maintenant, je suis fatiguée, j'ai perdu toute envie de faire des efforts. Nous avons consulté un conseiller conjugal. Nous nous sommes fixé des règles pour mieux communiquer, nous avons réservé des soirées pour discuter de nos problèmes, mais ça n'a servi à rien. Mon compagnon est tombé amoureux d'une autre femme. À quoi bon continuer à lutter ? Je l'ai fait pendant trop longtemps et maintenant je suis fatiguée de me battre. » Une femme me disait : « J'en ai assez des disputes. Je les ai toujours acceptées en pensant que ça rendrait notre couple plus vivant. Mais maintenant, je ne veux plus de ça. » Ou encore :

« Je n'ai plus envie d'entendre toujours les mêmes discours. Mon mari parle sans arrêt de son travail, de ses succès. Je n'ai aucune place dans ce qu'il raconte. Je suis fatiguée d'avoir à l'écouter. »

Les hommes eux aussi expriment leur lassitude. Certains sont fatigués d'entendre leur femme se plaindre constamment – telle chose n'a pas été faite, il faut régler telle question. Lorsqu'ils rentrent du travail, ils ont envie d'être tranquilles, ils ne veulent plus se faire mener à la baguette. Souvent, ils réagissent en se fermant intérieurement ou en se retranchant derrière des activités. Pour l'un, ce sera les jeux vidéo, pour l'autre, l'engagement associatif ou le conseil municipal. Certains retardent délibérément l'heure de rentrer pour ne pas avoir à répondre aux exigences familiales. Ils sont trop fatigués pour pouvoir affronter des enfants en pleine puberté.

Ces femmes et ces hommes ont fait beaucoup d'efforts pour préserver leur couple. Ils ne veulent pas divorcer, la fatigue leur ôte la force de se décider. Ils se bornent à constater qu'ils sont fatigués, qu'ils n'ont plus envie de se disputer, de jouer les arbitres, l'épouse compréhensive ou l'époux aimable et patient.

Cependant leur fatigue ne se confond pas avec la résignation. Parler représente pour eux une libération. Ils peuvent reconnaître leur fatigue, tomber le masque, oser parler de leurs véritables sentiments. C'est un premier pas. Le second consisterait à s'interroger sur les conclusions à en tirer. Se disputer par fatigue ne signifie pas nécessairement que l'on doive divorcer, la fatigue est plutôt une incitation à être plus attentif à soi-même, à ses propres besoins, à ses sentiments. Elle est une exhortation à opérer un changement, à se montrer plus prudent à l'égard de soi-même, à se prendre davantage au sérieux. Peut-être faut-il cesser de croire que tous les problèmes peuvent être résolus au sein du couple, que les discussions apportent toujours de la clarté et qu'avec de la bonne volonté, on peut tout régler à la satisfaction de tous. C'est là une illusion. La fatigue n'est pas résignation. Elle veut nous ouvrir les yeux, nous rendre plus réalistes à l'égard de nous-même et de notre conjoint.

Dans certains couples, l'engagement a été moindre : les partenaires se sont contentés de coexister dans un même espace, ils se sont habitués l'un à l'autre. Mais arrive un moment où ils sentent que l'élan a disparu, que la fatigue s'est installée. La source de l'amour s'est tarie ou ne coule plus aussi facilement. Il est fréquent que cette fatigue passe inaperçue et c'est souvent un événement extérieur qui la révèle. Une liaison, par exemple. Mais aussi une expérience religieuse, une messe, une retraite au cours de laquelle on se rend compte qu'on a vécu à côté de l'autre au lieu de vivre avec lui. Pourtant on ne se sent pas la force de s'arracher à sa fatigue, alors on continue comme si de rien n'était.

Il arrive qu'une longue vie commune ait créé une profonde unité entre les partenaires. Il n'y a plus de sommets ni d'extases, mais un continuum d'amour et de vitalité. Chez d'autres couples, en revanche, la relation s'est figée. Les conjoints vivent côte à côte sans être animés par l'amour et la vie. On ne sent chez eux que la fatigue, celle d'avoir à se supporter mutuellement, mais aussi une fatigue plus profonde, qui a fini par accaparer l'âme. Ces personnes sont habitées par la lassitude et le vide.

Dans la vie commune, la fatigue vient souvent de ce qu'on a cherché à ignorer la déception suscitée par l'autre. Pour bien vivre ensemble, il faut apprendre à se connaître mutuellement dans ses limites, ses erreurs et ses faiblesses. Erreurs et faiblesses peuvent facilement créer de l'insatisfaction et de la contrariété, il est donc important d'accepter son partenaire en toute connaissance de cause, tel qu'il est. Cela implique d'abandonner les illusions que l'on s'est faites sur l'autre, sur soi-même et sur son couple. C'est ce douloureux processus de deuil qui nous rend capables d'accepter l'autre sans condition. La fatigue, le dégoût, l'écœurement sont des sentiments parfaitement naturels dans une relation. Il faut s'y arrêter pour pouvoir les transformer en une nouvelle forme d'acceptation et d'amour.

C'est cette fatigue au sein du couple que Graham Greene évoque dans son livre *La Fin d'une liaison*. Bendrix a aimé Sarah, la femme d'Henry, causant ainsi du tort à son mari. Après la mort de Sarah, il lit son journal intime. Il comprend alors que, toute sa vie, Sarah s'est sentie déchirée entre Dieu et l'amour. Cette lecture le plonge dans la réflexion : « Car si ce Dieu existe, pensais-je, si même toi, avec ta lascivité, tes adultères, et les timides mensonges que tu proférais, si tu es capable de changer ainsi, alors nous pouvons tous devenir des saints, rien qu'en faisant le saut, comme tu l'as fait, en fermant les yeux et en sautant une fois pour toutes[4]. »

Bendrix est bouleversé par la mort de sa bien-aimée, mais aussi par ce qu'il découvre d'elle dans son journal. C'est ainsi qu'après la mort de Sarah, il prend l'habitude de boire une bière avec Henry, l'époux, le rival. Il a vécu cet amour dans ses hauts et ses bas, ses blessures et ses déceptions. Désormais, il se sent las. Graham Greene lui fait dire : « En marchant à côté d'Henry, tandis que nous allions boire notre verre de bière de chaque soir, je trouvai la seule prière qui parût convenir à mon humeur d'hiver : "Ô Dieu, Vous en avez fait assez. Vous m'avez assez dépouillé. Je suis trop vieux et trop fatigué pour apprendre à aimer, laissez-moi tranquille à tout jamais."[5] »

Il n'y a pas que la fatigue *dans* l'amour, il y a aussi la fatigue *de* l'amour. Bendrix a aimé Sarah, il a passé avec elle des moments merveilleux. Mais après toutes ces vicissitudes, après avoir connu la satisfaction et la déception, il se sent fatigué. Il a le sentiment d'en avoir fini avec l'amour, avec les femmes. La fatigue lui indique une autre voie : celle de la solitude définitive, non par résignation, même si sa prière pourrait le laisser penser, mais parce qu'il a compris que l'amour, quoique merveilleux, n'est pas tout et qu'il peut nous amener plus loin.

De nombreuses personnes me parlent de leur partenaire. Sans nécessairement s'être dit oui pour toujours, ils vivent une relation stable. Certains ne se voient qu'en fin de semaine parce qu'ils habitent et travaillent dans des endroits différents, d'autres vivent ensemble. Dans ces entretiens-là aussi j'entends beaucoup parler de fatigue. On est fatigué d'avoir à faire de la route pour se voir juste le temps du week-end. Pendant la semaine, les préoccupations professionnelles prennent le pas sur la vie du couple. Quand on se parle au téléphone, les méprises sont fréquentes. On espère pouvoir les dissiper lorsqu'on se retrouve et discuter tranquillement. Mais on est fatigué, on a du mal à se consacrer à l'autre. Au lieu de ruminer les problèmes, on préférerait passer un bon moment ensemble. Or les attentes ne sont pas toujours les mêmes. Tout cela finit par créer de la lassitude. Et on se demande s'il faut rester ensemble. La relation est-elle encore fructueuse ou devient-elle un fardeau ? Mais que faire quand on se retrouve seul ? Éprouve-t-on de la satisfaction ? On est donc tiraillé, coincé dans une relation qui a perdu son dynamisme. On ne peut plus ni avancer ni reculer.

Dans son *Essai sur la fatigue*, Peter Handke parle de cette fatigue entre époux qui constitue souvent une scission. Se fondant sur son expérience avec sa femme, il explique qu'il leur arrive, après une intense période de solitude, de se sentir irrévocablement séparés : « Mais rien n'y faisait ; l'un comme l'autre tombaient déjà, inexorablement, s'éloignant chacun, dans sa fatigue propre, non pas la nôtre, mais la mienne ici, la sienne là-bas. Il se peut bien que la fatigue n'ait été, dans le cas présent, qu'un autre nom pour l'insensibilité ou l'éloignement – mais pour le poids qui pesait sur les environs, c'était le mot qui convenait[6]. » Handke qualifie cette fatigue de « séparatrice » : « Oui, de telles fatigues séparatrices vous frappaient de l'incapacité de regarder et de mutité ; non et non, je n'aurais pas pu lui dire : "Je suis fatigué de toi", pas même un simple : "fatigué" (ce qui en tant que cri commun aurait pu nous délivrer de nos cavernes individuelles) : de telles fatigues consumaient notre capacité de parler, notre âme. Si au moins nous avions été d'accord pour prendre des chemins séparés ! Non, ces fatigues faisaient que ceux qui étaient ainsi désunis intérieurement étaient extérieurement contraints de rester ensemble. Et il se faisait que tous deux, possédés par le démon-fatigue, devenaient eux-mêmes redoutables[7]. »

Cette fatigue s'exprime souvent par la violence. Pas nécessairement la violence physique, mais la dévalorisation de l'autre en tant qu'homme ou femme. Il se peut aussi que la violence serve d'issue à la fatigue du couple. Soit on se sépare, soit on se retrouve avec des yeux neufs. La fatigue peut conduire à une « métamorphose » : « [...] l'insouciance amoureuse du début se muait en gravité. Il ne venait à l'esprit d'aucun d'accuser l'autre de ce qu'il venait lui-même de faire ; au lieu de cela des yeux qui s'ouvrent ensemble pour une sorte de dépendance involontaire entre personnes qui sont ensemble, qui deviennent ensemble homme et femme [...][8]. »

Il existe dans l'amour une fatigue qui devient une chance d'ouvrir les yeux et de porter sur l'autre un regard neuf. Cette chance place la relation sur un autre plan. Il y a aussi une fatigue qui conduit à multiplier les liaisons : on est tellement las de son partenaire qu'on n'a plus envie de vivre avec lui, mais on ne peut pas non plus vivre seul ; alors on cherche quelqu'un d'autre. Cette quête incessante n'est pas une expression de vitalité mais de fatigue. On ne s'engage pas réellement, on expérimente. Et ce refus de l'engagement finit par engendrer la résignation.

L'Évangile de Jean raconte, avec la rencontre de Jésus et de la Samaritaine (Jean 4, 1-26), quelque chose qui a trait à la lassitude de l'amour. La Samaritaine s'est lassée de l'amour pour avoir multiplié les relations éphémères. Elle est entrée dans un cercle vicieux : la fatigue incite à changer de partenaire et ces changements constants accroissent la fatigue parce qu'on ne cesse de répéter les mêmes erreurs. Dès lors il devient impossible de satisfaire le véritable désir d'amour. Jésus renvoie la femme à la source d'amour qu'elle a en elle-même et qui jamais ne tarit parce qu'elle s'alimente à la source de l'amour divin.

La fatigue de l'Église

Il suffit de jeter un coup d'œil dans les églises désertes pour mesurer la fatigue de nombreux chrétiens. L'enthousiasme qui se manifeste lors des Journées mondiales de la jeunesse ou des congrès – ceux de l'Église et des catholiques – ne doit pas occulter ce phénomène. Les raisons en sont multiples. Il y a, par exemple, la déception provoquée par l'Église. Les abus sexuels commis en son sein ont fortement ébranlé nombre de chrétiens. Ils avaient fait confiance au personnel ecclésiastique, lui avaient confié leurs enfants, et voilà que la piété n'était qu'une façade couvrant des besoins sexuels. L'Église a perdu en crédibilité.

Les nombreux curés qui s'efforcent de proposer une aide spirituelle utile et ouverte mènent un combat voué à l'échec. Ils ne peuvent pas lutter contre la désaffection qui touche l'Église à l'heure actuelle. Ils se donnent beaucoup de mal pour faire vivre leur paroisse. Ils s'investissent dans le soutien spirituel, célèbrent de belles messes, prononcent de bons sermons. Mais ils n'en ont pas moins le sentiment que le sol se dérobe sous leurs pieds.

Des pasteurs, hommes et femmes, me font part de leur fatigue à l'encontre de leur Église ou de leur paroisse. Ils s'efforcent de faire de bons prêches sans que le nombre des fidèles augmente pour autant. Il leur arrive aussi de ressentir de la lassitude devant les conflits internes qui minent les relations entre le conseil d'administration de la paroisse, la communauté et le pasteur.

Souvent aussi, on se rend compte que le langage de l'Église ne touche plus le cœur des fidèles. Il est devenu étranger, et beaucoup ne se sentent plus concernés. La liturgie paraît également vide de sens. Elle ne donne pas accès au mystère, elle ne pénètre pas le cœur des fidèles. La faute n'en incombe pas toujours au curé, c'est souvent le résultat d'une foi empreinte de lassitude. Ce que nous célébrons là, ce que nous reconnaissons comme notre foi joue-t-il encore un rôle dans notre vie, dans la société ?

À la lassitude s'ajoute parfois la déception. Il suffit qu'un prêtre se montre impatient et borné lors d'un baptême ou d'une messe funéraire pour que l'on tourne le dos à l'Église. On généralise, on ne veut plus avoir affaire à elle. D'autres se sont engagés, ont animé la communauté avec le soutien du curé, et voilà qu'en arrive un nouveau, qui veut tout faire lui-même ou à son idée. Du coup, le plaisir de collaborer se perd. La résignation s'installe. On a vu l'Église dans sa floraison, à présent elle se fane.

C'est une situation douloureuse, qui engendre tristesse et fatigue.

Dans ce contexte, certains regardent avec envie les Églises indépendantes qui attirent et enthousiasment les jeunes. Cela étant, tout n'y est pas aussi rose qu'on voudrait le faire croire. On se monte facilement la tête, mais quand on examine leurs textes de plus près, on s'aperçoit qu'ils sont simplistes, qu'ils promettent trop de choses. D'autres se tournent vers des groupes conservateurs, mais là aussi, on trouve plus d'individus qui ont besoin d'aide que de gens équilibrés. Or, quand une communauté ne comprend que des personnes en détresse, elle perd rapidement de sa vigueur. Loin d'apparaître comme une solution à la crise, l'Église donne l'impression de n'être là que pour les gens malades. Dans ce cas, on se sent vite débordé, on a plutôt envie de rencontrer des personnes saines et fortes.

Les curés, les responsables de la communauté et de la pastorale qui s'engagent de toutes leurs forces éprouvent souvent de la déception en voyant qu'ils ne parviennent pas à attirer plus de monde. Il y a aussi la défection, voire la trahison, de ceux à qui l'on faisait confiance. Toutes ces expériences contribuent à alimenter la fatigue de l'Église.

Quand on regarde en arrière, on ne peut se défendre d'une certaine mélancolie. Si l'on repense aux fêtes diocésaines de la jeunesse catholique dans les années cinquante ou à l'enthousiasme qui régnait lors des grandes messes de pèlerinage après la guerre, on se sent désemparé. Dans les années vingt, Romano Guardini[9] pouvait encore écrire : « L'Église s'éveille dans les âmes. » Aujourd'hui, plus personne n'oserait dire cela. Et nul ne sait comment surmonter cette fatigue de l'Église.

Celle-ci se manifeste par le départ de nombreux laïcs, qui cherchent d'autres niches spirituelles. Ils quittent l'Église pour des groupes de méditation, de pèlerinage, de danse ou tout autre cercle spirituel parmi ceux qui se constituent un peu partout. Cette tendance à la migration et au retrait ainsi que l'intérêt pour les événements qui vous structurent intérieurement en peu de temps sont des symptômes de la fatigue de nombreux chrétiens.

Les chrétiens, toutefois, ne sont pas les seuls à éprouver de la fatigue, l'Église elle-même donne souvent une impression de lassitude. L'enthousiasme y est absent. De nombreux communiqués épiscopaux qui tentent de ressusciter les temps anciens échouent à convaincre. Derrière les efforts qu'ils déploient pour exalter les manifestations qui ont rencontré du succès se cache une profonde fatigue. On a le sentiment que l'Église est trop occupée à se justifier pour pouvoir être dynamique et constituer une force d'entraînement pour la société.

À mon sens, il faut regretter que l'Église soit aujourd'hui comme elle est. Cela nous permet aussi de découvrir tout ce qu'elle a de positif. Il y a les nombreux laïcs qui s'investissent dans leur communauté, les avancées spirituelles incontestables qui se manifestent dans de nombreux cercles, les tentatives d'approfondissement de la spiritualité. Il y a les laïcs qui font des retraites spirituelles, qui se perfectionnent dans le domaine de la théologie. Il y a le dialogue de la foi, le climat œcuménique qui prévaut en maints endroits entre les communautés catholique et évangélique. Il y a les monastères qui sont devenus des centres spirituels où un grand nombre de chrétiens veulent approfondir leur foi. Et surtout, il y a dans les pays d'Amérique latine, d'Asie et d'Afrique, des Églises vivantes, qui s'engagent politiquement et socialement et qui sont des lieux d'expérience spirituelle. Cependant je ne peux que regretter que la fréquentation soit en baisse, que la pratique régulière soit de plus en plus négligée, que les enfants et les jeunes soient absents. Et ce n'est qu'en exprimant ces regrets que je m'ouvrirai aux voies nouvelles qui se présentent aujourd'hui à l'Église.

Peter Handke a montré comment la fatigue de l'Église se manifeste chez l'individu en décrivant la fatigue du petit enfant lors de la messe de minuit. Tout le monde chante des chants de Noël, mais l'enfant, lui, est trop fatigué. Bien qu'il s'agisse d'une fatigue physique, Handke la qualifie de « souffrance vilaine » et affirme qu'elle « défigure » tout « ce qui était autour » : « [...] les fidèles devenaient des poupées de feutre ou de loden entassées, l'autel, ornements étincelants compris, indistinct dans le lointain, un lieu de torture, le tout accompagné par les rites et les formules des exécutants – et lui, malade de fatigue, devenait lui-même une figure grotesque à tête d'éléphant, tout aussi lourde, la peau tout aussi boudinée ; soustrait par la fatigue à la matière du monde, au monde de l'hiver en l'occurrence, à l'air de neige [...][10]. »

Ce que Handke décrit ici à travers un enfant reflète l'expérience actuelle de bien des adultes. Cette fatigue fait apparaître tout ce qui se passe dans l'Église sous un jour déformé. Et soi-même, on ne se sent pas heureux, on a l'impression d'être coupé de la vie. On a un grand désir de vie, mais on ne trouve pas à le satisfaire auprès de l'Église. Cette lassitude ne conduit pas toujours à un renouveau, elle occasionne souvent une fuite vers les niches spirituelles où l'on prétend avoir trouvé ce qu'on cherchait. Cependant les visages n'expriment pas cette vitalité qui fait défaut dans l'Église. Et l'énergie dépensée à critiquer celle-ci est encore trop grande pour pouvoir s'épancher dans une spiritualité vivante. Dès lors, la fatigue à l'égard de l'Église devient, pour reprendre les termes de Handke, une « souffrance vilaine et pernicieuse[11] ». Toute la question est de savoir ce que l'individu et l'Église peuvent faire contre cette souffrance.

En quels termes l'Église peut-elle parler, transmettre le message christique de manière à éveiller les gens au lieu de provoquer la lassitude ? Et le messager, est-il lui-même éveillé ? Jésus n'a cessé d'exhorter à se montrer vigilant, attentif, à s'arracher au sommeil du juste. Comment peut-on dire l'urgence pour qu'elle reste l'urgence, qu'elle pénètre le cœur des hommes ? Jésus avait manifestement cette capacité parce qu'il était éveillé, éveillé aux impulsions de son âme, à ce que Dieu lui murmurait, éveillé à ce qui anime le cœur humain. Il avait un rayonnement qui ne laissait personne indifférent. Il provoquait par ses paraboles et ses paroles afin de tirer les gens de leur sommeil. Mais il redressait aussi ceux qui étaient courbés et redonnait courage à ceux qui l'avaient perdu. Il rayonnait d'une force qui touchait les gens. Nous aspirons tous à cette force du Saint-

Esprit qui nous est, aujourd'hui encore, promise à nous autres chrétiens. Elle doit s'exprimer dans une langue qui réchauffe les cœurs ainsi que l'ont vécu les disciples de Jésus :

« Notre cœur n'était-il pas tout brûlant au-dedans de nous, quand il nous parlait en chemin [...] ? » (Luc 24, 32).

Et nous désirons cet ouragan de la Pentecôte qui a arraché les apôtres fatigués à leur maison et leur a fait parler des langues nouvelles.

Alors qu'il était prisonnier de la Gestapo en 1944, Alfred Delp[12] a appelé l'Église à faire son examen de conscience et à évaluer sa responsabilité dans cette situation de fatigue et de stérilité : « En tant qu'individus, en tant qu'Église, nous avons, ces derniers temps, commis tellement d'erreurs dans notre façon de rencontrer l'autre, dans notre appréciation des situations et des réalités spirituelles, dans l'art de diriger les hommes, dans la présentation de l'enseignement ainsi que dans une foule d'autres domaines que nous avions – et avons encore – toute raison de nous effrayer de nous-mêmes[13]. »

L'Église doit donc elle-même s'éveiller et examiner ce qui l'empêche de rencontrer véritablement les gens, de prendre véritablement leurs besoins au sérieux.

C'est de cette manière qu'elle parviendra de nouveau à toucher les cœurs. Dans l'Église des débuts du christianisme, on chantait un chant cité dans la lettre aux Éphésiens. Nous autres chrétiens, nous devrions nous le crier les uns aux autres :

« Éveille-toi, toi qui dors, lève-toi d'entre les morts, et sur toi luira le Christ » (Éphésiens 5, 14).

La lassitude de la politique

Les citoyens sont de moins en moins nombreux à voter. On parle de fatigue et de dégoût à l'égard de la politique. Tous les partis déplorent ce refus des citoyens de faire entendre leur voix. Là aussi, les causes sont multiples. Il y a notamment la déception provoquée par les promesses électorales non tenues, les grands discours non suivis d'effet, les problèmes rendus insolubles par l'absence de consensus. Les gouvernements n'affichent pas d'orientations claires, ils expédient les affaires du jour. Et les mesures qu'ils prennent ont plus à voir avec les échéances électorales qu'avec des solutions durables.

La presse ne cesse de rapporter des affaires de malversations, de commissions occultes et autres scandales. Cela ne contribue pas à renforcer la confiance.

Mais du côté des hommes politiques, il y a aussi de la lassitude. Un certain nombre d'entre eux sont usés par les conflits internes de partis dominés par les rivalités et les jalousies, non par la volonté commune de proposer des avancées et de servir le pays. Le bien du parti semble s'imposer au détriment de l'intérêt collectif. De ce fait, un nombre croissant de gens se détournent de la politique. Les partis peinent à recruter de nouveaux membres et il y a de moins en moins de candidats pour les postes de responsabilité, que ce soit en leur sein ou dans les instances régionales et fédérales. On manque de personnalités charismatiques, l'enthousiasme a cédé la place au désenchantement, le désir de renouveau à la fatigue.

On retrouve là ce qu'Alfred Delp écrivait dans la prison de Tegel à propos de ces générations qui n'ont plus d'idées ni de vision. Delp méditait cette injonction de la séquence de la Pentecôte qui dit : *Riga quod est aridum*, « Arrose ce qui est sec ». Et il distinguait plusieurs formes de sécheresse. L'une d'elles renvoie à l'« improductivité », au fait « que tout d'un coup, un peuple entier, une génération entière ne produise plus rien d'intelligent, pas plus dans la connaissance pratique que dans la création, dans l'art que dans la politique, dans la philosophie que dans la théologie ou la religiosité[14] ». Aujourd'hui, la politique se caractérise par son manque d'imagination. On se contente d'assurer la gestion quotidienne sans avoir la moindre idée de la façon dont les individus et les cultures peuvent réussir à cohabiter dans notre société, dont les peuples peuvent, ensemble, donner forme à l'avenir au sein de la mondialisation.

Au cours de ces dernières années, les hommes politiques ont montré leur fatigue. Ils se sont engagés et heurtés à la critique. Ils ont appris qu'il est difficile d'imposer des solutions politiques. Les partis se mettent mutuellement les bâtons dans les roues et, même en leur sein, il y a des tensions et des conflits. Nombreux sont les hommes politiques qui ont l'impression de lutter en vain. Le chrétien-démocrate Roland Koch, par exemple, a quitté la politique pour l'industrie. Le maire de Hambourg a abandonné ses fonctions, affirmant qu'il était temps pour lui de donner à sa vie une autre orientation – sans doute un prétexte pour ne pas avouer sa fatigue.

Ce genre de réaction est compréhensible. Cependant, si tous ceux qui exercent des responsabilités se retirent quand ils se heurtent à une résistance, ils suscitent un climat de lassitude qui n'est pas bon pour la société. Il serait donc important que les hommes politiques affrontent avec sincérité ce sentiment de fatigue sans en conclure tout de suite qu'il vaudrait mieux pour eux faire autre chose. La fatigue pourrait être une injonction à changer sa manière de s'occuper des affaires publiques. Sans compter que la fatigue des hommes politiques questionne la société : celle-ci ne nourrit-elle pas des attentes excessives à leur égard ? S'il n'y a plus de droit à l'erreur, si chaque faute est sanctionnée par un appel à la démission, les gens se fatiguent. Ils n'ont plus envie d'exercer des responsabilités et de se faire lyncher par les médias à la moindre parole ou au moindre pas de travers.

Si cette fatigue engendre chez beaucoup une réaction de dégoût, elle est aussi à l'origine de nouveaux signes de réveil. On mentionnera, par exemple, les récents mouvements de citoyens. Les hommes politiques planifient souvent l'avenir du pays sans se soucier des besoins des gens et faute de se sentir pris au sérieux, ceux-ci protestent. Souhaitons que cet éveil provoque en retour une prise de conscience dans la classe politique et instaure une vigilance nouvelle à l'égard des problèmes. Précisons tout de même que les élus ne sont pas seuls responsables de la désaffection à l'égard de la politique. Celle-ci résulte aussi de la fatigue de ceux qui, au lieu de s'intéresser réellement à ce qui se passe dans leur pays, se réfugient dans leurs rêves et leurs illusions.

La fatigue des politiques ne fait souvent qu'exprimer celle de la société. Une femme originaire de Taïwan, qui vit depuis longtemps en Allemagne où elle a fait ses études, m'a dit qu'elle trouvait la société allemande fatiguée et éteinte tout en étant habitée par une sorte de frénésie. Elle pensait qu'il fallait trouver un juste milieu. L'agitation est parfois l'expression de la vitalité, mais elle peut également conduire au surmenage et à la maladie. Si la « société de la fatigue » offre davantage d'espace au loisir, elle fait parfois aussi obstacle à la vitalité. On s'adapte, on se retire dans la sphère privée. Mais c'est la société elle-même qui est fatiguée et résignée. Les Asiatiques le sentent souvent mieux que nous. Nous pensons qu'en Allemagne, les choses bougent, or ce mouvement n'est pas toujours signe de vie.

La fatigue à l'égard de soi-même

Dans mon travail d'accompagnement spirituel, je rencontre beaucoup de gens qui sont fatigués d'eux-mêmes. Après s'être consacrés avec enthousiasme à leur vocation spirituelle, à l'assistance, à la théologie, au travail social, ils se sentent à présent fatigués. Certains ont beaucoup travaillé sur eux-mêmes. Ils ont suivi des thérapies, des cours de développement personnel, ils ont pratiqué la méditation. Pourtant, ils ont le sentiment de ne pas avoir progressé. Ils continuent parfois d'assister à des conférences, mais celles-ci ne parviennent plus à éveiller leur enthousiasme ni à susciter en eux une prise de conscience. Ils s'y rendent dans une sorte de torpeur. Ils n'attendent plus rien de la vie. Je ressens parfois une vraie souffrance face à ces personnes fatiguées, dont la lassitude se communique à moi. Et si je ne fais pas attention, leur résignation me vide de ma force et de ma vitalité. J'essaie donc de me maintenir en relation avec ma source de vie intérieure pour ne pas être contaminé par la fatigue d'autrui.

Certains donnent le sentiment d'avoir été autrefois pleins de vie, d'avoir connu l'enthousiasme et l'engagement, mais tout cela paraît révolu. Et ils ont l'impression d'avoir été égarés, abusés, utilisés. Ils se sentaient valorisés parce qu'on les sollicitait, mais en réalité, il s'agissait d'une instrumentalisation, voire d'une exploitation. De ce fait, ils n'ont plus la force de s'enthousiasmer pour quelque chose de neuf. Trop vite surgit la crainte de se faire manipuler, accaparer. Ils se montrent sceptiques à l'égard des grandes idées, des nouvelles voies psychologiques ou spirituelles. Ils ont eux-mêmes essayé trop de choses qui se sont révélées infructueuses. Ils sont fatigués de travailler sur eux-mêmes et se contentent de vivoter.

Il y a des gens qui jettent sur leur passé un regard de gratitude, mais ils vivent de ce passé, ils n'ont plus assez de ressort pour commencer autre chose, pour élaborer d'autres idées. Ils laissent désormais ce soin aux jeunes. C'est une attitude fréquente dans les monastères : pendant longtemps, on a marqué la vie monacale de son empreinte ; à présent, cette tâche revient à d'autres. Cependant cette disposition ne se traduit pas forcément par une capacité à lâcher prise, à laisser de l'espace à autrui, elle n'exprime pas nécessairement la joie et la liberté intérieures à voir les jeunes agir. L'amertume et la lassitude ne sont pas rares. Et la fatigue remet tout en question, elle remet la vie même en question. A-t-on vécu comme il fallait ? Valait-il la peine de vivre ainsi, de pratiquer le renoncement, de s'engager en faveur des autres ? Qu'en est-il résulté ? Cette vie a-t-elle produit des fruits durables ou vite périssables ?

Il arrive que la fatigue marque le début d'une transformation intérieure. C'est en ces termes que Hermann Hesse décrit la fatigue de Siddharta. Après avoir connu la vie et toutes ses tentations, Siddharta arrive au bord du fleuve qu'un passeur

lui avait fait traverser vingt ans plus tôt :
« Il y arrêta ses pas et resta debout sur
la rive, hésitant. La fatigue et la faim
l'avaient affaibli et, du reste, à quoi bon
continuer de marcher ? Vers quel but se
serait-il dirigé ? Vraiment, de but il n'en
avait plus ; il n'avait qu'un désir ardent
et douloureux : échapper au cauchemar
qui l'obsédait, vomir le vin fade qu'il
avait absorbé, en finir une bonne fois
avec cette existence de tortures et
d'ignominies[15]. » Fatigué de sa vie, déçu
de lui-même, Siddharta veut se jeter
dans le fleuve : « C'est à ce moment que,
dans les profondeurs les plus mysté-
rieuses de son âme, dans le plus lointain
de sa misérable existence, il entendit un
son : ce n'était qu'un mot, une syllabe, et
sa voix l'avait proférée instinctivement
comme un souffle : c'était le mot par
lequel commencent et finissent toutes les
invocations à Brahma, le mot sacré *Om*
qui veut dire perfection ou accomplissement. Et dès l'instant que ce mot frappa
l'oreille de Siddharta, sa raison obscurcie
s'éclaira tout d'un coup et lui montra la
folie de l'acte qu'il allait commettre[16]. »

Pour Siddharta, la fatigue est donc le
moment de l'illumination. C'est une fatigue qui l'ouvre à Dieu, mais aussi aux
hommes. À présent il ne s'élève plus intérieurement au-dessus des autres, comme
il l'avait fait dans sa vie de moine. Il se
sent un avec tous, y compris avec ces

hommes qu'il méprisait auparavant : « [Il] se sentait lui-même comme eux. Quoiqu'il approchât de la perfection et qu'il portât toujours les traces de sa dernière meurtrissure, il lui semblait pourtant que ces hommes simples étaient ses frères ; leurs vanités, leurs convoitises et leurs travers perdaient leur ridicule à ses yeux, ils valaient la peine d'être compris, d'être aimés et même vénérés[17]. » La fatigue permet à Siddharta de s'ouvrir à Dieu et aux hommes et lui donne un profond sentiment d'unité avec tout ce qui est.

On peut être fatigué de soi-même et de sa vie. Mais parfois, cette fatigue est beaucoup plus superficielle, elle se produit à certains moments de la journée, par exemple. Un frère m'a raconté qu'il avait toujours un temps de fatigue après le déjeuner. Il se traînait, il marchait courbé, replié sur lui-même. Il lui fallait prendre un café pour se remettre en forme. Alors il se redressait et reprenait le travail avec un plaisir renouvelé. Nous connaissons tous ces périodes de fatigue. Pour les uns, ce sont des moments particuliers de la journée, pour les autres, des journées sans énergie. L'important est de prendre conscience de ces phases. Plus on les ignore, plus elles risquent de se transformer en un état permanent. Lorsqu'on lutte contre la fatigue, lorsqu'on la cache aux autres, lorsqu'on refuse de la reconnaître, elle devient de plus en plus puissante et elle commence à nous gouverner.

La question est toujours de savoir comment réagir face à la fatigue. Si on l'ignore, elle se transforme en amertume. Dès lors on se contente de végéter, on abandonne ses idéaux, on se montre cynique et sarcastique avec les jeunes gens qui croient encore en quelque chose. Au lieu d'être constructif, on se meut dans la négativité et le ressentiment.

La fatigue nous fait mener une vie sans intérêt. Intérieurement, nous sommes morts. C'est un phénomène que Carl Gustav Jung a observé chez beaucoup de gens âgés. Ils ont manqué le moment du changement intérieur et s'accrochent à un passé qu'ils idéalisent. Mais la lassitude les a gagnés. Ils ne donnent plus rien qui puisse enrichir leur entourage. Dans un groupe, ces gens déçus et cyniques peuvent littéralement empoisonner l'atmosphère. On voit donc combien il est essentiel de ne pas négliger cette fatigue que nous connaissons tous.

Les gens fatigués ont perdu toute passion, ils ne dégagent plus rien. Cela ne les empêche pas nécessairement d'agir, mais ils le font sans enthousiasme. Interrogé sur le travail de son fils, ministre de la Défense, le chef d'orchestre Enoch zu Guttenberg a répondu : « J'ai de la peine pour tous ceux qui sont dépourvus de passion[18]. » Sans passion, on ne donne rien. On ne se préoccupe plus que de soi-même et de sa santé. La vie a perdu sa fluidité. On s'empêtre dans ses senti-ments, on devient hypocondriaque, on court d'un médecin à l'autre sans jamais trouver le remède adéquat.

Il y a un phénomène qui m'effraie, c'est la fatigue des jeunes. Je vois de plus en plus de jeunes gens qui sont fatigués avant même d'avoir commencé à tra-vailler. Cette fatigue se manifeste par l'irrésolution. Il leur faut beaucoup de temps pour se décider, ils repoussent sans arrêt le moment de le faire. Ils enta-ment des études, mais comme elles ne correspondent pas à leurs attentes, ils les interrompent et en commencent d'autres. Ils sont hésitants, surtout quand il s'agit de s'engager. Au lieu de prendre les choses à bras-le-corps, ils préfèrent rester en retrait. Quand on leur donne des res-ponsabilités qui leur permettraient d'évoluer, il n'y a pas de répondant. Ils se préoccupent surtout de leurs condi-tions de travail, ils insistent sur leurs droits. Mais il ne se passe rien, ils sont dépourvus de passion et il leur manque l'agressivité nécessaire pour retrousser leurs manches et foncer. Ils dépensent beaucoup trop d'énergie pour eux-mêmes. Et ils n'ont pas de vision. Ils ne savent pas où ils veulent aller, ce qu'ils veulent faire. Ils savent exactement ce qui ne va pas et ce qu'ils ne veulent pas, mais ce qu'ils désirent vraiment, ils l'ignorent.

De par leurs dispositions, ce sont des natures plus dépressives qu'agressives. Tout jeunes, déjà, ils se replient sur eux-mêmes au lieu de s'extérioriser, de faire leurs preuves dans le monde. Ils refusent le combat sans lequel il n'y a pas de vitalité. Ils sont trop fatigués pour se battre. Et puis ils pourraient se blesser. Ils préfèrent donc cultiver leur fatigue, ruminer leur état de santé et leur mal-être. Or plus ils tournent en rond, moins ils se sentent bien. Je distinguerais deux groupes de jeunes : ceux qui s'engagent et déploient toutes leurs forces, qui veulent surpasser leurs prédécesseurs, façonner le monde et le rendre plus humain, et les autres, qui sont fatigués, qui n'ont pas de ressort, qui sont trop centrés sur eux-mêmes, qui se fatiguent dans ce processus de réalisation de soi, qui se fatiguent de leur propre épuisement.

Le prophète Isaïe parlait déjà de ces jeunes gens. Et pour lui, leur fatigue tient à un manque de confiance en Dieu :

« Les adolescents se fatiguent et s'épuisent, les jeunes ne font que chanceler, mais ceux qui espèrent en Yahvé renouvellent leur force, ils déploient leurs ailes comme des aigles, ils courent sans s'épuiser, ils marchent sans se fatiguer » (Isaïe 40, 30-31).

Les hommes et les femmes qui éprouvent de la fatigue dès leur jeunesse manquent de confiance, à la fois dans la vie et en Dieu. Lever les yeux permet à ceux qui sont fatigués de se redresser. Lever les yeux vers Dieu nous remplit d'une force qui nous transporte. Cette force vient d'une source qui ne tarit jamais, la source de l'Esprit divin, du Saint-Esprit, comme l'appelle Jésus.

2

Les causes de la fatigue

J'AI DÉJÀ parlé de ce qui peut occasion-
ner les diverses formes de fatigue, au
travail, vis-à-vis de l'Église, dans la
société. Dans les chapitres qui suivent, je
reprendrai de manière systématique la
question des causes. Et tout d'abord,
j'aimerais faire une distinction entre la
fatigue chronique et le burn-out. Comme
l'écrit le médecin Markus Treichler :
« L'élément déterminant qui permet de
diagnostiquer un syndrome de fatigue
chronique, c'est que la fatigue n'est
causée par aucune forme de fardeau ou
de surmenage physique ou mental. Et
qu'elle ne résulte pas d'une maladie
somatique ou psychique[19]. » Voici quels
sont, selon lui, les principaux symptômes
de la fatigue chronique, qu'il définit
comme une « fatigue constante et/ou
[une] légère fatigabilité pendant une
durée minimale ininterrompue de six
mois » : « 1. Elle ne peut s'expliquer par
une maladie ; 2. elle apparaît comme un

phénomène nouveau ; 3. elle ne résulte pas d'une situation de sollicitation chronique ; 4. elle ne cède pas de manière sensible au repos ; 5. elle est si marquée que la capacité normale d'action s'en trouve nettement amoindrie[20]. »

Pour Treichler, les véritables causes de la fatigue chronique ne sont ni purement physiologiques ni purement psychologiques. Elle lui paraît liée à notre style de vie moderne : « Le syndrome de la fatigue chronique est l'illustration d'un sentiment de surmenage chronicisé. Il apparaît ce faisant comme un réajustement de cap individuel pertinent, psychosomatique et biographique, face à l'accélération aveugle à laquelle les individus sont exposés de manière croissante[21]. »

Au lieu de s'interroger sur les causes médicales, il établit au contraire que la fatigue chronique provoque des troubles physiques : « Souvent, les patients se plaignent de maux et de douleurs changeants : douleurs musculaires ou articulaires, maux de tête ou de gorge, pharyngite, acouphènes… Et très souvent ils souffrent d'une mauvaise humeur dépressive. Ils ont le sentiment que leur souffrance n'est pas prise au sérieux, surtout quand les examens physiques ne révèlent aucune pathologie et échouent donc à l'expliquer[22]. » Même si le syndrome de la fatigue chronique peut s'interpréter avant tout comme une réaction à l'agitation de notre époque, nous devrions, dès l'apparition d'une fatigue durable, commencer par explorer l'éventualité de causes somatiques et psychiques.

Les causes physiologiques

Les causes de fatigue sont nombreuses. Pour l'un, ce sera le surmenage, pour l'autre, des raisons d'ordre somatique. La grippe, par exemple : la fièvre nous vide de notre énergie, nous prive de la force ou de l'envie de faire quoi que ce soit. Il y a aussi les carences (en fer, en oxygène, et bien d'autres), l'alimentation trop riche et trop grasse, le manque de mouvement, le séjour dans des pièces climatisées qui exerce un effet desséchant.

La fatigue vient souvent du fait que l'on néglige son biorythme. Dans la journée, chacun a ses moments de fatigue, après le déjeuner par exemple. Pour beaucoup, le début de l'après-midi est plus difficile que la matinée. Et puis la fatigue disparaît et la forme revient. Il y a aussi la fatigue provoquée par des problèmes de santé : maladie infectieuse, anémie, diabète, carence en fer. Il est bon d'aller chez le médecin lorsque la fatigue s'installe. S'il y a des causes somatiques, il faut agir sur le plan médical.

L'insomnie, elle, est une source de fatigue qui se situe au carrefour du somatique et du psychologique. Un nombre croissant de gens souffrent d'insomnie ou de troubles du sommeil. Certains ont du mal à s'endormir, trop préoccupés qu'ils sont par leurs soucis quotidiens pour pouvoir s'abandonner au sommeil. D'autres s'endorment normalement, mais se réveillent quelques heures plus tard et ne parviennent plus à se rendormir ; ils se tournent et se retournent dans leur lit avec irritation, ruminent les raisons de leur insomnie et craignent souvent de ne pas être suffisamment reposés pour pouvoir accomplir leurs tâches le lendemain.

On ne peut pas contraindre le sommeil. La méthode qui consiste à se motiver n'est ici d'aucune utilité. Il faut au contraire adopter une attitude de lâcher-prise – ce qui paraît souvent très difficile. La plupart des gens veulent en permanence tout contrôler. Or il ne sert à rien de lutter contre l'insomnie. La seule chose qu'on puisse faire, c'est s'en remettre à Dieu. Si, au lieu de s'énerver, on s'abandonne à Dieu, le temps de la nuit se fera bénédiction.

On peut utiliser ce moment-là pour prier ou méditer. Le lendemain, on sera frais et dispos même si l'on n'a pas pu dormir d'une traite toute la nuit. On peut aussi profiter de cette insomnie pour réfléchir vraiment à ce qui nous tracasse. Peut-être Dieu aimerait-il alors nous parler et nous faire prendre conscience de ce que nous avons négligé ou ignoré au cours de la journée.

Si l'on apprend à tirer profit de ce temps d'insomnie, il ne sera pas perdu. Or bien des gens sont guidés par le principe de performance et croient qu'ils ne peuvent véritablement se reposer qu'en dormant tant ou tant d'heures. Plus ils se focalisent sur ce point, plus ils sont fatigués le lendemain. Et cette fatigue finit par se transformer en abattement.

L'insomnie a parfois aussi des causes médicales ou psychologiques. Il arrive qu'elle indique un début de dépression. Il y a également une anxiété névrotique qui chasse le sommeil : on se laisse tellement envahir par les problèmes quotidiens qu'on ne parvient plus à les tenir à distance et qu'on passe son temps à ruminer.

Les personnes maniacodépressives souffrent d'insomnie au cours de leurs phases maniaques. Dans ce cas, les somnifères peuvent constituer une solution temporaire. Cependant il ne faut pas que l'usage en devienne habituel dans la mesure où il y a un risque d'accoutumance. Et puis cela ne permet pas le lâcher-prise si nécessaire au sommeil, l'abandon confiant, le refuge en Dieu.

On voit des personnes qui n'arrivent plus à sortir du cercle vicieux de l'insomnie, de la fatigue chronique et de l'abattement. Elles ne se sentent plus à la hauteur de leurs tâches quotidiennes. Elles perdent confiance en leur corps, en ce corps qui normalement va chercher le sommeil dont il a besoin. Et elles perdent aussi confiance en elles-mêmes. Ces personnes sont souvent saisies de panique à l'idée de ne pas arriver à faire leur travail. L'alliance de l'insomnie et de la fatigue exerce sur elles une telle emprise que leur découragement s'accroît et qu'elles ont le sentiment de n'avoir aucune maîtrise sur leur vie.

Le rituel de la prière du soir peut constituer une aide puissante en cas d'insomnie, qu'il s'agisse d'une prière à proprement parler ou d'un geste. Le rituel du soir ferme la porte du jour pour ouvrir celle de la nuit. On peut, par exemple, tendre les mains vers Dieu et lui remettre sa journée. On renonce à juger ce qui s'est passé au cours de cette journée, on la donne à Dieu, on la lâche pour se laisser aller dans le sommeil entre ses mains bienfaisantes. On peut aussi fermer la porte en croisant les mains sur la poitrine et en imaginant qu'il y a là un espace de silence inaccessible aux problèmes de la journée, aux tâches inaccomplies, aux gens qui attendent quelque chose de nous ou qui nous font du mal.

Pour pouvoir dormir, on a besoin d'une césure entre la veille et le sommeil. Le rituel du soir n'est évidemment pas une garantie de succès. Il aide en tout cas à bien terminer la journée, à s'abandonner au sommeil et, ce faisant, à Dieu en ayant la conscience tranquille.

Les causes psychiques

• Les schémas de vie

La fatigue connaît aussi de nombreuses causes psychiques. Pour l'un, ce sera le poids d'événements douloureux, pour l'autre, des relations difficiles. Souvent, ce sont nos propres schémas de vie qui nous volent notre énergie.

Certains s'imposent une pression constante en toutes circonstances. Ils obéissent aux impératifs de leur surmoi, croient devoir faire leur travail dans un temps donné en satisfaisant à des critères de qualité élevés. Ils se soumettent à de hautes exigences face à leurs collègues ou à leur supérieur afin d'apparaître sous un jour favorable : ils ne connaissent aucune faiblesse, ils sont résistants, doués d'une formidable capacité de travail... Une femme m'a ainsi raconté que, même en faisant le repassage, elle essayait chaque fois de se prouver qu'elle pouvait être encore plus rapide. Parfois aussi, la pression consiste à juger et à noter tout ce qu'on fait. Les habitudes scolaires se sont à ce point gravées dans l'esprit qu'on en vient à s'attribuer continuellement des notes. Et l'on veut être bien noté par le professeur que l'on porte en soi.

Il y a aussi les perfectionnistes, qui n'arrivent jamais à faire aussi bien qu'ils le voudraient. Cela leur coûte une énergie considérable. Or, à force d'être soumise à une exigence constante de contrôle, cette énergie finit par se bloquer. Le perfectionnisme peut aller jusqu'à l'obsession, pousser à interrompre la tâche en cours pour contrôler celle que l'on a précédemment accomplie. Et la recommencer le cas échéant. Du coup, le perfectionniste ne fait pas grand-chose et dépense beaucoup d'énergie pour lui-même. Repensons à cette parole de Jésus :

« Quiconque a mis la main à la charrue et regarde en arrière est impropre au Royaume de Dieu » (Luc 9, 62).

Celui qui regarde en arrière pour vérifier si le sillon qu'il a tracé est droit ou de travers dépense trop d'énergie, il se fatigue. Comment Dieu pourrait-il régner en lui ? Lorsque Dieu règne en nous, lorsque le Royaume de Dieu est en nous, alors la vie est un flux qui s'épanche. Nous sommes libres de nous engager dans ce que nous faisons. Celui qui ne cesse de regarder en arrière et de se demander si son œuvre est parfaite est prisonnier de ses propres critères. Dieu ne peut régner dans la vie de cet homme. Et cette vie ne connaît pas de dynamique.

D'autres mettent toutes leurs forces à maintenir une façade irréprochable. Une femme me disait : « Je ne peux pas me calmer. En moi, j'ai un volcan en éruption. » Quand on va travailler ou que l'on rencontre d'autres personnes en ayant cette image en soi, on dépense une énergie folle pour essayer de dompter le volcan. Et cette énergie nous fait ensuite défaut dans le travail. C'est un peu comme si l'on roulait avec le frein à main serré. Ce gaspillage d'énergie est source de fatigue. À force de se dépenser pour préserver la façade de la maison, il ne nous reste plus assez de ressources pour bâtir l'intérieur.

• L'image de soi

Le médecin Markus Treichler évoque le cas d'une étudiante de dix-neuf ans affligée d'une fatigue chronique. Cette fatigue se manifestait par un amoindrissement de la concentration et une impatience croissante engendrant l'indifférence, l'inactivité et une baisse de notes drastique. Cette jeune fille avait toujours été active, sérieuse et pleine d'allant, mais elle croyait devoir contenter tout le monde, être irréprochable afin de se faire aimer de tous et de vivre en harmonie avec ceux qui l'entouraient : « Quand son besoin d'harmonie devint impossible à satisfaire et qu'elle sentit que tous ses efforts ne lui permettraient plus d'atteindre cet objectif (dont elle n'avait pas conscience), elle fut envahie par une fatigue chronique[23]. »

Cette fatigue chronique, tout en l'éloignant sans cesse davantage de son objectif, représentait aussi une chance. La jeune fille sentait qu'elle ne pouvait plus continuer ainsi, qu'elle devait revoir l'image et la compréhension qu'elle avait d'elle-même. Elle ne pouvait plus vivre en essayant sans arrêt de satisfaire tout le monde. La fatigue chronique devint alors pour elle « l'occasion de faire machine arrière pour trouver le temps et l'espace nécessaires à un ressourcement intérieur[24] ».

Les fausses images de soi sont souvent à l'origine de la fatigue. Pour la jeune fille, il s'agissait de contenter tout le monde. D'autres veulent être capables de tout maîtriser, leurs sentiments, leurs relations, ou ne cessent de se demander ce que l'on pense d'eux. Avant de dire quoi que ce soit, ils essaient de prévoir la réaction d'autrui. Ils s'épuisent eux-mêmes dans ces spéculations. Chaque rencontre, chaque conversation devient une épreuve. Et au bout d'un moment, par fatigue, on finit par éviter les rencontres et les conversations. On se retire dans sa fatigue et on se coupe de la vie.

• Les soucis

La fatigue intérieure peut aussi résulter d'un excès de préoccupation à l'égard de soi-même, de la peur de s'engager – dans le travail ou auprès des autres –, de l'impression de se sentir submergé. La peur instaure des limites, conduit à une forme d'étroitesse stérile, qui est source d'insatisfaction et de fatigue. Les personnes trop préoccupées d'elles-mêmes tournent en rond. Le moindre défi les fatigue, leur fait craindre une déperdition d'énergie. Chaque exigence extérieure est vécue comme un risque de surmenage, un arrachement à son propre rythme.

Voilà pourquoi bien des jeunes gens sont fatigués avant même d'avoir commencé à travailler. Ils ont peur, en effet, de ne pas trouver ce qui leur convient, de devoir renoncer à tout ce qu'ils jugent nécessaire. Je suis vraiment peiné de les voir ainsi, sans aucun désir de saisir la vie à bras-le-corps. Heureusement, il y en a aussi qui brûlent de l'ambition de réaliser quelque chose et qui ont en eux la passion dont l'homme a besoin pour faire fructifier son existence.

• La résignation

Dans mon travail d'accompagnement spirituel, je rencontre des personnes qui, à soixante-dix ans, sont encore fringantes et débordent d'idées sur ce qu'elles veulent faire de leur vie. J'en rencontre aussi qui, à cinquante-cinq ans, ont l'air fatiguées. J'ai l'impression de me trouver face à des gens âgés, dont il n'y a plus rien à attendre. Ils paraissent finis, usés. Quand je les interroge sur leur histoire, je m'aperçois que cette usure ne vient pas d'un excès de travail, mais de la fatigue, de la perte d'enthousiasme, de la résignation. Tout ce qu'ils ont fait, ils l'ont fait sans joie, parce qu'il fallait le faire. Ils ont joué le jeu sans être complètement présents. Dans le fond, on pourrait dire qu'ils se sont économisés. Lorsque je m'enquiers des causes de leur fatigue, je constate souvent leur absence de passion et leur refus de s'enthousiasmer. Cela me rappelle cette parole de Jésus :

« Qui veut en effet sauver sa vie la perdra, mais qui perdra sa vie à cause de moi et de l'Évangile la sauvera » (Marc 8, 35).

Celui qui veut préserver sa vie, son énergie, son âme, celui qui lutte pour ne pas être débordé perd sa force et sa vitalité. Il perd aussi – le terme figure dans la traduction grecque des Évangiles – sa *psyché*, son « âme ». Par désir de se sauver, il se perd et passe à côté de sa vie. C'est en s'abandonnant, en s'engageant dans l'œuvre de Jésus, dans l'annonce de son Évangile – ou, en termes plus simples, dans un projet enthousiasmant –, que l'on se gagne au lieu de se perdre. Cela nous permet d'avoir accès à notre âme et à l'énergie qui l'habite.

• Vivre à l'encontre de son rythme

Il me semble qu'une des causes fréquentes de la fatigue chronique réside dans le fait de vivre constamment en désaccord avec son propre rythme. Tout être humain a un rythme biologique. Si on le contrarie de manière systématique, il finit par s'affaiblir et se fatiguer.

Carl Gustav Jung a établi que celui qui travaille dans le respect du rythme de la nature et de son propre rythme est plus performant que celui qui les néglige. Travailler contre son propre rythme revient en fin de compte à faire violence à sa propre nature. C'est usant. Le rythme de la nature nous régénère. En respectant le rythme de notre âme et de notre corps, nous nous maintenons en relation avec la source d'où nous tirons notre force créative. Travailler contre son rythme, c'est se couper de sa source intérieure. Bien des gens prétendent ne pouvoir vivre que l'œil fixé sur la montre. Ils veulent travailler, encore et toujours, quelle que soit l'heure. Ce faisant, ils se violentent eux-mêmes.

Les causes systémiques

La recherche sur le phénomène du burn-out évoque de multiples causes de fatigue. On parle d'« épuisement des réserves physiques et mentales », de « perte d'énergie et d'engagement sous l'effet d'un processus de désillusion[25] » ou encore de la perte des forces physiques, intellectuelles et émotionnelles à la suite d'un stress. Cet épuisement ne tient pas seulement à la structure de l'individu, mais souvent aussi à celle du système dans lequel il travaille.

Bien des gens se fatiguent parce que la situation ne leur permet pas d'apporter leur contribution au monde. Que ce soit dans leur activité professionnelle, au sein de leur famille ou face à la société, ils éprouvent un sentiment d'impuissance. Ils se sentent manipulés, livrés à des forces étrangères. Comment conserver l'envie de lutter dans ces conditions ? Plus rien n'a de sens. On peut s'engager, mobiliser toutes ses forces au service d'un projet, si on n'a pas voix au chapitre, si on se heurte à l'arbitraire d'un supérieur quelconque, on finit par se fatiguer.

C'est un phénomène que l'on voit souvent en entreprise. Beaucoup de collaborateurs se sentent exclus du processus de décision. On ne leur demande pas leur avis. Tout ce qu'on attend d'eux, c'est qu'ils « fonctionnent ». Or il n'est pas facile de fonctionner quand l'objectif général n'est pas clair. C'est la même chose avec l'Église. De nombreux curés ont leur idée en matière de morale, mais ils savent qu'ils ne peuvent pas influencer la morale sexuelle officiellement défendue par l'Église. S'ils essayaient de faire passer leurs convictions auprès de leur communauté, ils se heurteraient aux limites réglementaires imposées par la hiérarchie.

J'ai eu l'occasion de discuter avec un des cadres dirigeants de Caritas, qui avait de plus en plus de mal à transmettre à ses subordonnés des directives qui ne lui semblaient pas convaincantes. Il aurait pu s'en dégager pour se mettre en accord avec sa conscience, il se serait alors exposé à des conflits l'obligeant à se justifier en permanence. Or, s'il ne voulait pas céder, il n'avait pas non plus la force de lutter sans relâche pour imposer ses convictions.

Une autre cause systémique de fatigue réside dans le sentiment d'absurdité de notre action – lorsque nous ne voyons pas l'utilité de notre travail notamment. On peut douter de l'intérêt de ce que produit l'entreprise qui nous emploie, par exemple, mais aussi de ce que l'on a à faire concrètement. Quand on se borne à répondre à des courriels stupides pour flatter l'ego de son chef, il n'est pas étonnant de se sentir fatigué. L'absurdité nous prive de tout ressort intérieur. À l'inverse, quand on trouve du sens à son travail et à sa vie, on souhaite s'engager et évoluer.

Or, aujourd'hui, beaucoup d'entreprises ont cessé d'être des entreprises familiales qui construisent leur propre culture et savent motiver leurs collaborateurs. Lorsque l'affaire est vendue à une entreprise plus importante, celle-ci impose alors de nouvelles règles du jeu. Et l'on a parfois l'impression qu'il y entre un sentiment de revanche à l'égard du petit concurrent racheté. Désormais, il faut consigner le moindre geste ; au lieu de travailler et d'ouvrir des voies nouvelles, les collaborateurs sont contraints de remplir des listes et d'établir des comptes rendus de discussion et d'activité. Ces directives absurdes les privent de tout élan. Leur fatigue est l'expression de leur résignation et de leur impuissance à se révolter contre la direction car s'ils le faisaient, leur entreprise courrait le risque d'être lâchée. Ces jeux de pouvoir, sur lesquels les collaborateurs n'ont aucune influence, constituent bien souvent leur principale cause de fatigue. Ils ont aussi pour effet d'empêcher l'entreprise de se montrer innovante et lui font perdre sa vitalité.

Un professeur de physique m'a raconté à quel point il lui est difficile de se procurer le matériel dont il a besoin pour ses cours. Comme l'établissement est administré par le district, c'est là qu'il doit adresser ses demandes. Pour que l'argent soit débloqué, il faut souvent compter un an. S'y ajoute le fait que les employés de l'administration prétendent mieux connaître que les enseignants les besoins de l'établissement scolaire. Ou cherchent à se faire valoir auprès de leur supérieur en modifiant chaque demande. Ces obstacles bureaucratiques complètement absurdes sont une source de fatigue pour l'enseignant.

Nombre d'entreprises et d'administrations se caractérisent ainsi par une bureaucratie inepte. Certaines vont jusqu'à contrarier la bonne marche du travail. Ce faisant, elles paralysent les employés : pourquoi vouloir faire bouger les choses quand aux commandes se trouvent des gens désireux d'actionner le frein pour manifester leur importance ?

Passer à côté de sa vie

Être coupé de sa source intérieure est aussi une cause de fatigue. On perd l'accès à ses ressources et on ne voit plus que les tâches imposées par la vie. On croit pouvoir mener à bien ses projets à force de volonté. Arrive cependant un moment où l'on se heurte à ses limites. On a alors besoin d'une source intérieure où puiser, faute de quoi on se fatigue rapidement.

Pour moi, cette source créative est la source inépuisable du Saint-Esprit. Quand je puise en elle, la vie circule et la fatigue est plus longue à venir. Lorsque j'ai beaucoup travaillé, il m'arrive évidemment d'être très fatigué. Mais c'est une bonne fatigue dans laquelle je me sens en accord avec moi-même. L'épuisement, en revanche, m'indique que je m'alimente à des sources troubles, celles de l'ambition, des schémas de vie pathogènes, du besoin de reconnaissance.

Ceux qui s'attribuent constamment des notes, comme je l'ai dit, n'ont en quelque sorte jamais réussi à quitter l'école. Ils sont devenus leur propre professeur et ont le sentiment de n'être jamais à la hauteur. De ce fait, ils dépensent pour s'évaluer et se juger une énergie qu'ils pourraient employer plus utilement ailleurs.

Nous avons besoin des sources intérieures où l'Esprit de Dieu s'épanche en nous. Et nous avons besoin de racines saines. Un arbre privé de ses racines dépérit. Or nous sommes souvent coupés de nos racines, celles que nous ont données nos parents, grands-parents et arrière-grands-parents. Nous ne voyons plus que ce que l'on attend de nous et nous avons recours à des méthodes qui prétendent nous aider à maîtriser notre vie. Il est bon de se souvenir de ses racines.

Nous pouvons les découvrir en nous demandant : « Comment nos ancêtres maîtrisaient-ils leur vie ? Que disaient-ils dans les situations difficiles ? » Notre ancien abbé, Burkard Utz, qui avait dirigé le monastère durant les temps éprouvants du nazisme et de l'après-guerre, avait coutume de dire : « Prenons les choses comme elles viennent. » Au lieu de gémir, il retroussait ses manches et essayait de résoudre les problèmes. Un jeune homme m'a raconté que son père, qui était fermier, disait toujours : « À Dieu va ! » Lorsque nous nous inspirons de la sagesse et des idées de nos ancêtres, notre arbre de vie tire de ses racines une force suffisante et nous permet de surmonter les périodes de dénuement spirituel.

La fatigue chronique indique parfois que l'on passe à côté de l'image que Dieu s'est formée de nous ou, pour le dire autrement, que nous passons à côté du rêve qui concrétise en nous l'image de Dieu. Les enfants ont souvent un rêve. Ils se passionnent pour un métier, ils adorent jouer à tel jeu, bricoler, concevoir des choses. Et ils sont infatigables. Je connais une femme dont la passion était d'aménager des chambres dans les combles. Aménager, organiser, tel était son rêve d'enfant, qu'elle a pu concrétiser par la suite dans son travail de responsable communautaire. Au lieu de se contenter de faire ce qu'on lui demandait, elle a mis en œuvre sa passion et créé un espace harmonieux où les gens se sentent bien, où ils peuvent se réfugier et avoir le droit d'être eux-mêmes.

Il arrive souvent que l'on oublie ses rêves d'enfant. Très tôt, on doit satisfaire les attentes de ses parents. Ou bien on se conforme à la manière de voir des autres. On dépense beaucoup d'énergie à vivre dans l'ignorance de cette image de Dieu que l'on porte en soi, de cette image originelle que Dieu s'est faite de nous. Il est tout à fait possible de fonctionner ainsi pendant un temps. Mais arrive la fatigue, qui nous invite à examiner de plus près l'image à laquelle nous obéissons : est-ce l'image originelle, l'œuvre de Dieu, ou celle qui nous a été inculquée par d'autres ?

La fatigue nous offre la chance de nous mettre en accord avec l'image authentique qui exprime notre être. Cette représentation, nous la retrouvons en repensant à ce qui, dans notre enfance, nous fascinait, nous enthousiasmait, nous incitait à jouer et à nous activer pendant des heures. Il y avait là quelque chose qui correspondait à ce que nous sommes vraiment. Les scientifiques qui font de la recherche sur le cerveau affirment que lorsqu'un enfant se passionne pour quelque chose, il se crée dans son cerveau de nouvelles synapses, de nouvelles associations, qui favorisent en lui la force et la créativité. Les adultes aussi ont besoin de cette faculté d'enthousiasme pour pouvoir agir avec le maximum d'énergie. Les enfants qui donnent libre cours à leur curiosité ne se fatiguent pas facilement. En revanche, ceux qui acceptent passivement ce qu'on leur donne manquent d'énergie.

Je rapporterai ici l'exemple d'une jeune femme qui était censée reprendre l'entreprise de son père. Elle avait suivi des études de gestion, mais une fois que son père lui avait transmis l'affaire familiale, elle avait éprouvé une grande fatigue intérieure. À l'enthousiasme de ses études avait succédé la fatigue. Au cours de notre entretien, nous nous sommes demandé si, en reprenant l'entreprise, elle concrétisait vraiment son rêve ou si elle ne faisait que répondre au désir de son père. Son rêve était de faire bouger les choses – ce qui, en l'occurrence, était tout à fait réalisable. Mais il fallait pour cela qu'elle suive sa propre voie. Cela supposait de se libérer au préalable de l'idée que son père se faisait de la gestion d'une affaire. En suivant ses propres vues, elle aurait enfin accès à la force qui était en elle.

La recherche sur le cerveau a établi que l'individu s'affaiblit quand il ne trouve plus en lui d'image qui le motive et suscite de nouvelles associations d'idées. Il est donc essentiel de se pencher sur ses propres représentations, de voir si elles sont paralysantes ou motivantes, si elles encouragent la vitalité ou la fatigue. De ces représentations dépend notre capacité à affronter les défis de l'existence. Si nous n'arrivons pas à y répondre activement, nous nous vidons de notre énergie. Le chercheur Gerald Hüther écrit ainsi : « Il y a des représentations intérieures qui incitent l'individu à s'ouvrir toujours davantage, à rechercher la nouveauté et à explorer avec d'autres les solutions possibles. Il y a aussi des schémas qui suscitent la peur et qui contraignent l'individu à se fermer au monde. Certaines représentations inspirent le courage, la ténacité et la confiance, d'autres favorisent la résignation et le désespoir[26]. »

Au lieu de nous focaliser sur la fatigue, interrogeons-nous sur les images qui nous guident : obéissons-nous à des schémas qui nous paralysent ou, au contraire, qui encouragent notre appétit de découverte et nos capacités créatives ?

La recherche sur le cerveau nous montre donc que nos représentations sont à l'origine de notre fatigue ou du plaisir que nous avons à nous engager.

Souvent ces images se sont ancrées en nous de manière inconsciente. Nous avons intégré les modèles de nos modèles. Il arrive que ceux-ci nous motivent, parfois aussi ils nous ôtent la confiance et le plaisir d'œuvrer en ce monde. Dès lors, il faut essayer de se libérer de ces schémas inhibants pour en accueillir d'autres qui soient bénéfiques. L'éducation ne consiste-t-elle pas, pour Platon, à intégrer des images positives, à intégrer l'image divine, l'image unique que Dieu s'est faite de nous ?

3

Le rapport à la fatigue

L E THÈME de la fatigue est déjà présent dans la Bible et revient constamment dans la tradition spirituelle. Outre une description de la fatigue, on y lit la manière dont on peut en user. J'aimerais partir de ces sources de notre foi pour découvrir comment aborder de nos jours le phénomène de la fatigue.

L'expérience de la fatigue dans la Bible

• La fatigue de Jésus

L'évangéliste Marc nous raconte que Jésus lui-même a éprouvé de la lassitude face à ses disciples. Lorsqu'il redescend du mont de la Transfiguration, les gens accourent à sa rencontre, tout excités, et lui rapportent la querelle qui s'est élevée entre ses disciples et les scribes. Les disciples veulent guérir un enfant possédé, mais s'en montrent incapables. Alors Jésus dit :

« Engeance incrédule, [...] jusques à quand serai-je auprès de vous ? Jusques à quand vous supporterai-je ? Apportez-le-moi » (Marc 9, 19).

Par ces paroles, Jésus exprime sa fatigue. Il a déjà donné à ses disciples de multiples témoignages de son amour et de sa force de guérison, il leur a délivré un enseignement poussé... mais ils n'ont toujours rien compris, ils n'ont toujours pas la foi. C'est là un phénomène que nous connaissons bien. Nous nous engageons au service des autres, de nos enfants, de nos amis tout en ayant l'impression que cela ne sert à rien, qu'ils s'entêtent, restent incrédules. Et nous avons beau nous répandre en explications, ils ne peuvent ou ne veulent rien entendre.

Jésus, toutefois, ne cède pas à la résignation. Au contraire, il reprend l'initiative. Il dit à ceux qui sont venus le trouver : « Apportez-le-moi ! » et il guérit l'enfant « secoué » en permanence par un démon. Il lui vient en aide ainsi qu'à son père et les délivre tous deux de leurs tourments. Jésus ne se laisse pas déterminer par sa fatigue. Il agit en conformité avec sa source intérieure, avec le lien qui le rattache à son Père par lequel il se sent envoyé pour guérir les malades. Rien ne le détourne de sa mission, de son devoir, pas même l'incompréhension de ses disciples.

La fatigue de Jésus résulte ainsi de sa déception à l'égard de ses disciples, qui ne comprennent rien en dépit de tous ses efforts. Cette déception, nous la retrouvons en d'autres occasions. Quand les envoyés de Jean-Baptiste viennent le trouver, Jésus déclare :

« À qui donc vais-je comparer les hommes de cette génération ? À qui ressemblent-ils ? Ils ressemblent à ces enfants qui sont assis sur une place et s'interpellent les uns les autres, en disant : "Nous vous avons joué de la flûte, et vous n'avez pas dansé ! Nous avons entonné un chant funèbre, et vous n'avez pas pleuré !" » (Luc 7, 31-32).

C'est ainsi qu'il décrit les effets de l'action de Jean-Baptiste et de la sienne. Jean s'est heurté au rejet, on le trouvait trop ascétique. Jésus, lui, ne chante pas de chants de lamentations, mais des chants de mariage. Or ces chants suscitent également le rejet et la critique :

« "[…] voilà un glouton et un ivrogne, un ami des publicains et des pécheurs !" » (Luc 7, 34).

Les hommes n'acceptent aucun message. Ces paroles révèlent la fatigue de Jésus. Quoi qu'il fasse, les hommes se bouchent les oreilles, ils ne veulent entendre que ce qui vient conforter leurs convictions. Cependant, Jésus ne cède pas à la fatigue. Il continue à délivrer son message et s'adresse à ceux qui se trouvent en marge. Au lieu de nier sa fatigue, il en prend acte, il y réagit de manière active. Peut-être est-ce cette déception face à l'incompréhension qui lui fait trouver les mots capables d'ouvrir la porte fermée des êtres humains. Il use de paraboles qui décrivent la situation des hommes. Il captive son auditoire en lui racontant la vie et les expériences quotidiennes d'une manière passionnante. Ensuite, il le conduit à un autre niveau par le biais des provocations qui émaillent ses paraboles, il ouvre leurs yeux au secret divin.

• La fatigue des disciples
  au mont des Oliviers
Les disciples eux-mêmes ont connu la fatigue au moment où ils devaient veiller avec Jésus au mont des Oliviers. Jésus est en lutte avec le Père. Mais les disciples s'endorment. Luc explique leur fatigue :

« […] il [les] trouva endormis de tristesse » (Luc 22, 45).

Dans son *Essai* sur la fatigue, Peter Handke a repris cette parole de l'Évangile de Luc pour devise. Il la cite en exergue : « Et se levant après sa prière, arrivant auprès de ses disciples, il les trouva endormis d'affliction. » Les disciples ont cédé à la fatigue, en grec *apo tes lypes*. *Lype* signifie la « tristesse », l'« autoapitoiement » qui nous fait indéfiniment tourner autour de nous-mêmes – comme si nous nagions dans cet apitoiement sans jamais avancer, sans jamais sortir du cercle de la tristesse.

Les moines d'autrefois distinguaient *lype* et *penthos*. *Lype* désigne la tristesse par laquelle nous réagissons passivement à la perte de nos illusions. Au fond de cette tristesse se trouvent des attentes disproportionnées à l'égard de la vie. Nous espérions être les meilleurs. Tout comme les disciples espéraient que Jésus continuerait de paraître devant le peuple dans toute sa puissance et d'annoncer le salut divin. Peut-être aussi espéraient-ils avoir la préférence dans son Royaume, avoir des avantages si ce Jésus rencontrait le succès. À présent, ils sentent leurs espoirs s'évanouir. Ils refusent d'affronter la déception. Pris de fatigue, ils s'endorment. À l'inverse, *penthos* renvoie au travail de deuil. En pleurant la perte de nos illusions, nous accédons au fond de notre âme et nous y découvrons le potentiel de capacités et de forces que

Dieu nous a offert. Dans le deuil, nous réagissons activement à la déception et nous entrons en relation avec notre force. La tristesse, en revanche, nous affaiblit.

Nous avons tous fait la même expérience que les disciples. Nous aussi, nous fermons souvent les yeux pour échapper aux déceptions de notre vie. Il n'empêche, nos blessures nous découragent, nous éprouvons de la tristesse et du chagrin. Et ce chagrin vient de tout ce qui nous encombre, de tout ce qui nous empêche d'avancer comme nous le souhaiterions. Alors nous réagissons comme les disciples en nous apitoyant sur notre sort, en nous laissant aller, en cessant de lutter contre la fatigue. Nous y cherchons en quelque sorte refuge. Nous nous pelotonnons dans la tristesse comme dans une couette bien chaude et nous refusons d'affronter la réalité. Alors que nous devrions déplorer la vie que nous menons, réagir de manière active, nous préférons l'aveuglement, nous préférons ignorer notre médiocrité et nos déceptions. Or le sommeil dans lequel nous nous enfonçons ne nous procure pas de repos. Il ne fait qu'accroître notre tristesse. Au mont des Oliviers, les disciples offrent une apparence de résignation et de désespérance.

• La fatigue de Pierre

L'évangéliste Jean évoque une autre expérience de fatigue. Après la résurrection de Jésus, les disciples reprennent leur ancienne activité de pêche en Galilée. Pierre dit à ses six compagnons :

« Je m'en vais pêcher » (Jean 21, 3).

Les autres l'accompagnent. Ils pêchent toute la nuit sans parvenir à attraper le moindre poisson. Déçus et fatigués, ils regagnent la rive. C'est alors qu'ils voient Jésus au bord du lac. Mais ils ne le reconnaissent pas.

« Jésus leur dit : "Les enfants, vous n'avez pas du poisson ?" Ils lui répondirent : "Non !" Il leur dit : "Jetez le filet à droite du bateau et vous trouverez" » (Jean 21, 5-6).

C'est la nuit des efforts inutiles, nous connaissons tous cela. Nous avons alors le sentiment de travailler pour rien. Nous éprouvons de la frustration et de la déception : à quoi bon faire tant d'efforts puisque nous n'obtenons aucun résultat ? Pourquoi continuer à travailler sur soi ? Nous reproduisons sans cesse les mêmes erreurs. Ce sentiment d'inutilité nous prive de l'énergie dont nous avons besoin pour vivre et nous rend malades. C'est une expérience qui apparaît à maintes reprises dans la Bible. Job, par exemple, se plaint de l'inutilité de ses efforts (Job 9, 29). Ses amis échouent à le consoler, ils ne lui opposent que des arguments futiles (Job 21, 34).

Autre exemple, le priant du psaume 73, qui se rend compte que ses efforts pour préserver la pureté de son cœur ont été vains (Psaumes 73, 13). Inutile aussi tout le travail accompli pour obéir à la volonté divine. Les scélérats, eux, sont prospères. Alors pourquoi continuer à se donner tant de mal ? Tous les grands discours, toutes les actions glorieuses s'évanouissent en fumée :

« [...] rien qu'une ombre, l'humain qui va ; rien qu'un souffle, les richesses qu'il entasse » (Psaumes 39, 7).

Il ne sert à rien non plus de faire preuve de bonne volonté et d'enthousiasme, comme les disciples quand ils décident de suivre Pierre. Lorsque celui-ci annonce qu'il s'en va pêcher, ils lui répondent avec enthousiasme :

« Nous venons, nous aussi, avec toi » (Jean 21, 3).

À elle seule, l'exaltation ne mène pas loin.

En fait, les disciples espèrent que Pierre leur montrera comment réussir leur existence. Nombreux sont ceux qui écoutent des gourous autoproclamés qui prétendent s'y connaître. Fascinés par leur rayonnement, ils montent dans leur barque en espérant que tout ira mieux. Mais, à l'image des disciples, ils doivent faire l'expérience de l'inanité.

« […] cette nuit-là, ils ne prirent rien » (Jean 21, 3).

Les efforts sont vains. C'est la nuit, une nuit impénétrable. En eux, ils ne trouvent que l'obscurité, le non-sens et le froid. La barque dans laquelle ils sont montés ne fait que les enfoncer dans la nuit. Ce travail inutile ne suscite que fatigue et déception. Le matin est gris et sans espoir. Il n'apporte aucune promesse de renouveau, il exprime juste le caractère désespérant de leur vie.

Cependant l'évangéliste Jean n'en reste pas là. Il nous montre ensuite ce qu'il advient de la fatigue et de la déception des disciples. Jésus lui-même entre dans cette nuit de l'inutilité. Et il demande aux disciples de refaire ce qu'ils ont fait sans résultat la nuit précédente, mais cette fois sur son ordre, du côté droit, celui du conscient. Le sentiment d'inanité est souvent lié à ce que nous espérons en récompense de nos efforts. Quand ceux-ci ne nous apportent pas le succès escompté, nous pensons avoir travaillé pour rien. En réalité, nous devrions alors refaire ce que nous avons fait, mais en changeant nos présupposés, en écoutant notre voix intérieure, la voix de Jésus en nous. Et en jetant notre filet à droite, du côté conscient.

La voie de Jésus pour surmonter la fatigue intérieure et la frustration consiste donc à entrer en relation avec son propre cœur et à agir en toute conscience. Cela éloigne la fatigue. Celle-ci est manifestement liée à notre mépris de la réalité.

Dans cette Pâque, on nous montre également une autre issue à la fatigue. Le disciple préféré reconnaît Jésus en cet homme debout sur la rive. En vérité, il lui a fallu pour cela un certain temps. Ce n'est que lorsqu'ils sentent leurs filets pleins au point qu'ils ont du mal à les ramener qu'il dit à Pierre :

« C'est le Seigneur ! » (Jean 21, 7).

Cette parole réveille Pierre. Il ceinture sa tunique et saute à l'eau. On sent son enthousiasme. Voilà qu'en cette matinée de grisaille et de fatigue le Ressuscité est là ! On ne peut plus retenir Pierre, il bondit et secoue sa fatigue. Jésus mange alors avec les disciples. Jean décrit cette scène comme une célébration de l'eucharistie. En chaque eucharistie, nous célébrons la mort et la résurrection de Jésus, afin de pouvoir nous-mêmes quitter la mort pour la vie, la fatigue pour la vitalité et la déception pour l'espoir. L'espoir qu'il n'existe rien qui ne puisse se transformer.

Les disciples de Jésus ne sont pas les seuls à avoir fait l'expérience de la fatigue. Après une phase d'élan et de renouveau, les premiers chrétiens ont eux aussi connu de multiples déceptions. L'auteur de l'épître aux Hébreux s'adresse à ceux qui se sont fatigués de la foi. Il cherche, en renouvelant leur vision du Christ, à les encourager à sortir de cette fatigue. De Jésus, il écrit qu'il nous a précédés dans le « sanctuaire céleste ». Cela doit nous encourager à « saisir fortement l'espérance qui nous est offerte » (Hébreux 6, 18). Il exprime le souhait que nous ne devenions pas nonchalants, mais que nous imitions « ceux qui, par la foi et la persévérance, héritent des promesses » (Hébreux 6, 12). L'épître nous invite à persévérer :

> « [...] nous devons [...] courir avec constance l'épreuve qui nous est proposée, fixant nos yeux sur le chef de notre foi, qui la mène à la perfection » (Hébreux 12, 1-2).

En regardant Jésus, nous ne céderons pas à l'abattement ni au découragement (Hébreux 12, 3).

C'est là une approche que je trouve précieuse : chasser la fatigue par une nouvelle forme de théologie. Une des causes de notre fatigue pourrait ainsi être une théologie ou une spiritualité incomplète. Si nous voyons en Dieu celui qui doit satisfaire nos vœux, nous nous sentirons rapidement déçus s'il ne réagit pas à nos prières. Et nous nous fatiguerons de demander de l'aide. Mais si Jésus est celui qui est entré dans le sanctuaire céleste, dans l'intériorité de notre âme, si c'est en nous que réside le saint des saints, nous vivons autrement les déceptions de l'existence. Dans la fatigue, nous avons un espace de repos, un espace sacré où nous jouissons de notre pleine et entière intégrité, où nous sommes en paix avec nous-mêmes parce que Jésus est entré dans le saint des saints de notre cœur. Et pour l'auteur de l'épître aux Hébreux, c'est bien la vue de Jésus qui nous arrache à notre fatigue.

> « Jésus, au lieu de la joie qui lui était proposée, endura une croix, dont il méprisa l'infamie, et [...] est assis désormais à la droite du trône de Dieu » (Hébreux 12, 2).

Regarder Jésus nous tire de cette contemplation fatiguée de ce qui entrave notre progression et nous prive de notre énergie. La vue de celui qui discernait la joie derrière les contrariétés de l'existence doit nous libérer de notre fatigue.

• **La fatigue du croyant**
L'Ancien Testament connaissait déjà la fatigue de l'homme pieux. Ainsi :

« Je m'épuise à crier, ma gorge brûle, mes yeux sont consumés d'attendre mon Dieu » (Psaumes 69, 4).

Le priant est déçu que Dieu ne se montre pas à lui et ne l'aide pas. Il en va de même aujourd'hui pour de nombreux chrétiens. Ils ont prié Dieu dans des situations difficiles, ils l'ont supplié de les aider, mais sans résultat. Ils se sont fatigués à crier, à en perdre la voix. Là aussi, la fatigue est liée à la déception. Le priant est déçu par Dieu, par son absence, et cette déception finit par le détourner de la prière.

Un autre décrit son expérience de la façon suivante :

« Je me suis épuisé en gémissements, chaque nuit, je baigne ma couche ; de mes larmes j'arrose mon lit » (Psaumes 6, 7).

Ceux qui se fatiguent, ce sont ceux qui souffrent et qui ont pleuré devant Dieu. Même la prière n'arrive plus à les soulager. Or c'est précisément auprès de ceux-là que Jésus se sent envoyé. L'évangéliste Matthieu voit en Jésus le serviteur de Dieu dont parlait le prophète Isaïe. Dans le « troisième chant du Serviteur », il est écrit :

« Le Seigneur Yahvé m'a donné une langue de disciple pour que je sache apporter à l'épuisé une parole de réconfort » (Isaïe 50, 4).

Jésus a la capacité de trouver les mots qui encouragent et réconfortent ceux qui sont fatigués. Et il les voit. C'est ce que montre Matthieu :

« À la vue des foules il en eut pitié, car ces gens étaient las et prostrés comme des brebis qui n'ont pas de berger » (Matthieu 9, 36).

Jésus considère comme de son devoir d'aller trouver les épuisés et de leur adresser les paroles qui sauront les réconforter. Pour lui, la vocation du disciple consiste à annoncer aux épuisés qui n'ont pas de berger, qui ont perdu tout repère la Bonne Nouvelle qui leur donnera de la force et leur permettra de s'orienter.

• La fatigue du prophète Élie
Dans l'Ancien Testament, l'archétype de l'homme pieux qui a cédé à la fatigue,

c'est le prophète Élie. Élie a lutté avec zèle au nom du Seigneur. Il a osé engager la lutte contre les quatre cent cinquante prêtres de Baal, et il a vaincu. Mais peu après sa grande victoire, il est saisi d'une intense fatigue. Il a combattu le roi Achab avec courage. À présent, la reine Jézabel lui annonce par un messager qu'elle va le faire tuer. Pris de peur, il s'enfuit dans le désert. Mais la lutte s'efface devant la fatigue.

> « [...] il alla s'asseoir sous un genêt. Il souhaita de mourir et dit : "C'en est assez maintenant, Yahvé ! Prends ma vie, car je ne suis pas meilleur que mes pères." Il se coucha et s'endormit » (I Rois 19, 4-5).

Élie explique ainsi la raison de sa fatigue : il n'est pas meilleur que ses pères. Il croyait avoir combattu les prêtres de Baal avec plus d'ardeur que tout autre prophète. À présent, toutefois, il se trouve face à sa part d'ombre. Ce qu'il a combattu chez les prêtres de Baal, il le retrouve en lui. Les prêtres s'adonnaient au culte du succès, mais la victoire d'Élie montre qu'il recherchait la même chose. Lorsqu'il s'en rend compte, toute sa force le quitte. Il ne peut plus lutter, il veut juste mourir. Il se couche et s'endort. Ce sommeil n'est pas un sommeil réparateur, mais une manière de fuir la réalité, la confrontation.

Élie illustre la fatigue de celui qui a réussi. Il est fréquent d'être pris d'une grande fatigue après une réussite importante. Cette fatigue n'est pas la conséquence des efforts fournis, mais plutôt une réaction au succès lui-même, qui révèle alors sa dimension relative. Ce n'est pas un absolu, il se trouve toujours quelqu'un pour le remettre en question, telle Jézabel. On s'aperçoit aussi qu'il ne résout pas tous les problèmes. On prend conscience de l'égoïsme de ses motivations, on comprend qu'il s'agissait surtout d'une affaire d'ego. On est déçu. La lutte perd alors tout son sens.

Après un succès, certains croient avoir atteint leur but. Or le chemin continue. Mais ils n'ont plus la force ni l'envie de marcher. Ils se couchent, comme Élie, et cherchent le repos. Ils se réfugient dans le sommeil et la fatigue pour fuir la déception qui succède à la victoire. Ils ferment les yeux pour ne plus avoir à répondre aux autres défis de l'existence. Dans cette situation, nous aussi, nous avons besoin d'un ange qui nous réveille et nous crie :

« Lève-toi et mange » (I Rois 19, 5).

Élie se lève, boit, mange et se recouche. Alors l'ange revient, il est patient. De nouveau il l'exhorte à manger et à boire en lui disant qu'« autrement le chemin sera trop long pour [lui] » (I Rois 19, 7).

L'ange ne témoigne pas de compassion à Élie, il l'envoie dans le désert jusqu'à l'Horeb, la montagne de Dieu. Après la victoire, le chemin continue, mais il ne conduit pas vers des succès encore plus importants. Il mène d'abord au désert, où nous allons à la rencontre de nous-mêmes, puis à la montagne divine, à l'expérience de Dieu. Notre destination n'est pas le succès, mais l'expérience de Dieu. Nous devons quitter le plan du succès pour suivre le chemin qui mène vers l'intérieur. Voilà ce à quoi l'ange nous encourage.

Cependant la fatigue d'Élie n'est pas seulement due au succès ou à l'ambition, on peut aussi l'interpréter comme une fatigue à l'égard de Dieu. Élie s'est lassé de son Dieu. Dieu ne l'empoigne plus, Dieu ne l'atteint plus, ni par la fascination ni par la colère. Dieu n'éveille plus d'inquiétude en lui comme il l'avait fait avec le prophète Jérémie. Jérémie avait le sentiment d'être enivré et séduit par Dieu, mais chez Élie, il n'y a plus ni révolte ni enthousiasme. Il ne se sent ni aimé ni rejeté par Dieu, il ne sent plus rien. Il est juste fatigué et voudrait dormir, fermer les yeux à ce Dieu.

L'expérience d'Élie, nous la retrouvons aujourd'hui chez bien des gens qui se sont fatigués de Dieu, qui ont perdu leur enthousiasme, qui ne se laissent plus émouvoir, affecter, toucher. Le discours divin ne provoque plus d'irritation en eux, il n'éveille plus rien. Le cœur ne réagit plus. Nous aurions bien besoin d'un ange qui nous secoue, qui nous arrache à la quiétude pour nous plonger dans l'inquiétude, qui nous attrape par l'épaule : « Réveille-toi à la fin ! Ouvre les yeux. Dieu est là. Dieu est réel. Il veut te parler. Il a quelque chose à te dire. Il croit en tes capacités. » Nous aurions besoin d'une nouvelle forme de discours spirituel, qui ne soit ni lénifiant ni trop exigeant. Un discours qui nous aiguillonne, qui nous empoigne, qui nous secoue, qui nous mette en mouvement, qui nous oblige à nous lever et à oser traverser le désert des lointains de Dieu pour trouver ce à quoi notre âme aspire au plus profond d'elle-même. Nous aurions besoin d'un ange qui fomente l'inquiétude, qui ne nous abandonne pas à notre fatigue de Dieu, qui ne se laisse pas non plus détourner de sa tâche par l'Église des épuisés.

À quoi devrait ressembler ce discours religieux pour toucher nos cœurs, nous donner accès à notre désir le plus profond, nous exhorter à nous lever et à nous engager dans la quête ? Le discours de l'ange ne dissipe pas la fatigue d'Élie. Pourtant, celui-ci traverse le désert jusqu'au mont Horeb. Mais une fois là-bas, il voudrait de nouveau se terrer, cette fois dans une grotte. Alors Dieu l'appelle :

« Sors et tiens-toi dans la montagne devant Yahvé » (I Rois 19, 11).

Élie doit sortir du refuge de la grotte, abandonner toutes les habitudes de langage. Il doit « se tenir » dans la montagne, c'est-à-dire affronter sa vérité propre, se confronter à lui-même. Et Dieu l'accueille dans son école, là où l'on fait l'expérience de Dieu. Il ne se révèle pas dans la tempête, dans le tremblement de terre ou dans le feu, mais dans un doux chuchotement. C'est dans le silence que Dieu vient à sa rencontre, là où tous les discours humains se taisent et où le secret se dévoile lui-même dans son indicibilité.

Dans une Église où la fatigue a gagné les mots, où nous employons toujours les mêmes termes pour décrire Dieu et l'expérience de Dieu, nous aurions besoin d'hommes et de femmes qui se fassent anges de la langue, des anges dont les paroles nous atteignent, nous obligent à nous mettre en route pour appréhender Dieu dans le silence. Mais nous avons aussi besoin d'une écoute nouvelle afin de pouvoir entendre d'une autre manière les paroles déstabilisantes de Dieu que nous lancent les prophètes de l'Ancien Testament. Il nous faut également entendre autrement toutes ces paroles de Jésus qui ne nous laissent pas en repos, qui provoquent, qui gênent, qui résistent à la compréhension. Nous les avons trop accaparées. Nous avons construit une théorie à partir des paroles de Jésus pour le tenir à l'écart. Jésus veut nous secouer, nous faire ouvrir les yeux, remettre en question nos représentations de Dieu. Et cela afin que nous partions en quête de ce Dieu incompréhensible qui est malgré tout le Dieu de l'amour, celui qui vient à nous comme au-devant du fils prodigue pour se réjouir avec nous parce que nous nous sommes retrouvés après nous être perdus, parce que nous renaissons à la vie après avoir connu la mort.

La Bible ne se contente pas de décrire le phénomène de la fatigue, elle indique aussi comment la surmonter. C'est ainsi que Jésus montre à la Samaritaine qui s'est lassée de l'amour une issue possible. Il lui offre l'eau de la vie. Le récit de Jean 4, 1-26 pourrait illustrer la façon dont un couple surmonte sa fatigue. Cinq points essentiels se dégagent de cette rencontre :

– Chacun des partenaires doit montrer à l'autre, en toute franchise, ses désirs, ses besoins et ses aspirations.

– Il s'agit d'un échange à égalité sur toutes les questions qui se posent. Ce fai-

sant, il convient d'abandonner tout jugement et de s'attacher à comprendre
l'autre.

– En l'interrogeant sur ses désirs et ses
besoins profonds, on éveille sa vitalité.

– Au lieu d'essayer de provoquer chez
l'autre un sentiment de culpabilité, on lui
offre l'eau de la vie, on lui fait don de
sa vitalité, de son amour. Au lieu
d'attendre quelque chose de lui, on lui
témoigne de l'amour.

– La vitalité de la relation amoureuse
ouvre aussi les partenaires à d'autres
amitiés. Celles-ci jouent un rôle stabilisa-
teur et permettent de sortir de l'enferme-
ment.

• Marthe et Marie
L'histoire de Marthe et de Marie (Luc
10, 38-42) peut également se lire comme
une histoire de la fatigue. Elle parle, en
effet, de la fatigue de la maîtresse de
maison dans le quotidien du ménage et
de la famille. En mettant l'accent sur
Marie, qui ne fait rien d'autre que l'écouter, Jésus indique une voie permettant de
sortir de l'épuisement.

La fatigue des femmes tient souvent
au fait qu'elles sont trop peu à l'écoute
de leur cœur. Elles s'absorbent dans
leurs tâches en croyant ainsi répondre
aux besoins de la famille. Mais elles ne
sont pas suffisamment attentives à ses
besoins réels, pas plus d'ailleurs qu'à

ceux de leur propre cœur. Ce dont la famille a besoin avant tout, c'est d'une mère aimante, pas d'une mère performante. Une femme m'a raconté qu'elle s'était souvent consacrée tout entière aux tâches ménagères et aux devoirs des enfants en oubliant l'essentiel : le plaisir d'être ensemble en famille. En général, la fatigue des femmes vient de ce qu'elles ont trop peu de temps pour penser aux besoins de leur cœur, ce qui les coupe de leur dimension spirituelle. Aller vers soi-même, écouter son cœur est un moyen de guérir cette fatigue.

La fatigue dans la tradition spirituelle

Les moines des premiers temps essayaient de dormir le moins possible. Dès lors, on imagine aisément qu'ils ne devaient pas toujours être bien réveillés ni très en forme. Leur but était de veiller et de prier pour et avec Jésus. Mais s'ils se privaient de sommeil, il leur était difficile d'être pleinement lucides au moment de la prière. Celle-ci était souvent marquée par la fatigue physique. Or cette fatigue, ils s'en servaient comme d'une voie spirituelle. Car la capacité d'attention du moine se réduit alors, et lorsqu'il concentre cette attention sur Dieu, la fatigue l'aide à s'immerger en Dieu dans la prière. Erhart Kästner parle d'une sensation matinale de rêve éveillé, d'un « état de grande réceptivité, qui ne s'ouvre qu'au minimum de choses, mais ce minimum est si royal, si splendide, qu'on le croirait tout juste créé ». « Personne ne niera qu'on ne vit véritablement qu'en ces moments d'intense réceptivité[27]. »

La fatigue dans la prière n'est donc pas une somnolence, mais une concentration sur l'essentiel. C'est une forme particulière de vigilance, qui nous protège de la distraction. Il y a évidemment aussi une fatigue qui enferme, où l'on se contente de somnoler. Pour les moines, il ne s'agit pas de lutter contre la fatigue, mais d'en user de manière à ce qu'elle constitue une aide dans la vie spirituelle.

Il est surprenant que la vieille tradition monastique ait utilisé la fatigue comme une voie spirituelle pour s'absorber en Dieu en laissant tout le reste de côté. L'objectif des moines était la vigilance. Cependant, lorsqu'on dort aussi peu que le faisaient les moines au désert, la vigilance s'accompagne toujours de fatigue. Or, ici, la fatigue n'est pas le contraire de la vigilance, elle permet de s'ouvrir exclusivement à Dieu. Cette vigilance se distingue des moments où l'on est pleinement réveillé, c'est un état qui vise à atteindre l'essentiel, c'est-à-dire la présence salvatrice de Dieu, son amour au sein de notre propre cœur.

Peter Handke a compris ce que les moines expérimentaient ainsi : il parle de la « fatigue au regard clair ». Pour le philosophe coréen Byung-Chul Han[28], la fatigue donne accès à une attention bien différente, qui n'a rien à voir avec celle, exagérément sollicitée, que nous mettons en œuvre dans le quotidien. Handke écrit : « [...] elle ouvre, elle fait passer, elle ménage un passage pour l'épopée de tous les êtres [...][29]. » Et il dit plus loin qu'il existe une fatigue qui unifie, qui nous unit à la nature ainsi qu'aux animaux. Il raconte qu'un jour où il était fatigué, il avait été suivi par deux chiens : « J'étais si fatigué que la peur habituelle des chiens fit défaut, et de plus, me disais-je, d'avoir tant marché dans la région, j'avais pris leur odeur et je leur étais familier[30]. »

La fatigue unificatrice nous relie à l'être en soi, à la nature, aux animaux. Même les choses nous apparaissent alors telles qu'elles sont. « Et plus encore : l'objet dans une telle fatigue fondamentale ne se montre jamais pour lui-même, mais toujours ensemble avec d'autres, et ne dût-il y avoir que peu d'objets, à la fin tout est rassemblé[31]. »

Ce que Handke décrit là n'est rien d'autre que ce que les moines appelaient « contemplation ». La contemplation, c'est l'état dans lequel on voit au fond des choses. On ne voit rien de précis, on voit à travers. Soudain, tout devient clair. C'est cette clarté de vision qui reconnaît la présence ultime de Dieu en toute chose. Et lorsqu'on reconnaît Dieu en toute chose, on discerne aussi l'unité de toute chose. Tout est devenu un en Dieu. C'est ce que le pape saint Grégoire le Grand raconte de saint Benoît et de sa mystique. Un jour que Benoît, fatigué, était à la fenêtre du monastère, il embrassa le monde entier d'un seul regard. Il vit alors au fond de toute chose, là où règne l'unité. Au cours de ce bref moment, Benoît vit brusquement la totalité, le monde entier.

Ce que notre entendement conçoit sur le mode de la différence, la fatigue en discerne l'unité. Et dans la fatigue, si l'on en croit Peter Handke, on n'a nul besoin « d'exercices respiratoires ou de postures de yoga qui se donnent à voir ou veulent être importantes : [on est] assis et [on] respir[e] dans la lumière de la fatigue, correctement, en plus[32] ». Dans cette fatigue, nous ne formons plus qu'un avec toute chose et tout être humain : « Ce qui est autre devient en même temps moi. Les deux enfants, là, sous mes yeux fatigués, c'est moi, maintenant[33]. » Les frontières s'estompent entre soi et le monde, entre soi et les autres. On sent en soi un lien profond. Voilà ce que Handke appelle la « fatigue unificatrice » et qu'il décrit en ces termes : « Tout est rassemblé […][34]. »

Ce que Handke qualifie de « fatigue », Josef Pieper[35], lui, se référant à la philosophie grecque et à la théologie chrétienne, le nomme « loisir ». Il s'élève ce faisant contre l'interprétation de Kant, qui voit un effort jusque dans le travail spirituel. Pieper lui oppose ce que la tradition appelle « connaissance intellectuelle ». Il affirme que « dans le domaine de la connaissance intellectuelle existe également […] un élément d'accueil, un regard purement réceptif ou, pour le dire avec Héraclite, une "écoute de l'essence des choses"[36] ». Il décrit cette opération de pure réceptivité de l'esprit : « Que se passe-t-il lorsque notre œil regarde une rose ? Que faisons-nous alors ? Pendant que nous percevons cette chose dans sa couleur et dans sa forme, notre âme l'accueille, elle se comporte de manière réceptive. Nous sommes éveillés et actifs, certes, mais de façon calme et détachée : il s'agit ici d'un simple regard. Dans le cas d'une observation, les choses changent : sœur de la mesure et du décompte, l'observation est une activité exigeante[37]. » Dans la fatigue, nous sommes ouverts à cette contemplation purement réceptive de l'être. Il ne s'agit plus de fournir un effort spirituel, mais d'accueillir ce qui est.

Je ressens parfois quelque chose de cette « fatigue au regard clair » peu avant ou juste après le réveil. À ce moment-là, je ne sais pas très bien si je rêve ou si je fabule. Mais dans cette situation, il me vient souvent de nouvelles idées pour mes livres. C'est une fatigue qui rend lucide, qui fait naître des pensées inédites.

Un jour que j'étais rentré tard d'une conférence, je me suis réveillé le lendemain très fatigué. J'ignore si je me suis alors rendormi ou si j'étais juste en train de réfléchir. Sans doute les deux. En tout cas, je rêvai que j'avais une conférence à faire devant un groupe de religieux dans une maison de formation. Je réfléchis rapidement à ce que je voulais dire. Je n'avais pas envie de me répéter. C'est alors que me vint le titre « Les voies d'une spiritualité du changement ». Je voulais mettre le pouvoir transformant de cette spiritualité en regard de la spiritualité moralisatrice. Celle-ci se montre souvent d'une exigence excessive, elle suscite la mauvaise conscience. Une spiritualité, un accompagnement spirituel, qui souhaitent apporter du réconfort peuvent s'aider de citations bibliques, malheureusement, ils ont souvent un caractère régressif. La spiritualité de la transformation interroge les gens sur leurs problèmes. Elle écoute. Or c'est dans le travail d'écoute et de discussion que survient le changement de vision. Tout d'un coup, on découvre des voies d'action possibles.

C'est dans le moment de fatigue que j'évoquais plus haut que me vint l'idée que c'était précisément la méthode employée par Jésus. Dans ses paraboles, il reprenait les expériences des individus. Par le récit, il amenait ses auditeurs sur un autre plan et changeait leur façon de voir. Ces moments de fatigue qui précèdent ou suivent le réveil m'ont plus d'une fois inspiré l'idée d'un nouveau livre.

Il arrive aussi que les moines se lassent de la voie qu'ils suivent. On raconte ainsi qu'un jour, Antoine, le premier Père du désert, « se trouva pris d'ennui et dans une grande obscurité de pensée[38] ». Alors qu'il se demandait comment sortir de cet état et assurer la réussite de sa vie spirituelle, Dieu l'adressa à un autre moine : « Peu après, s'étant levé pour sortir, Antoine vit quelqu'un comme lui, assis et travaillant, puis se levant de son travail et priant, assis de nouveau et tressant la corde, puis se relevant encore pour la prière. C'était un ange du Seigneur envoyé pour le diriger et le rassurer. Et il entendit l'ange dire : "Fais ainsi et tu es sauvé." Ayant entendu cela, Antoine eut beaucoup de joie et de courage. Et faisant ainsi, il fut sauvé[39]. » Lorsqu'on pratique longtemps la même activité, il n'est pas rare que la fatigue s'installe. Si l'on veut pouvoir rester intérieurement en éveil, il faut introduire une saine variété dans tout ce que l'on fait.

Ce genre de fatigue, les moines l'appellent *acedia*. C'est un terme difficile à traduire. En fait, l'acédie désigne une incapacité à être présent dans l'instant. On n'a envie de rien, ni de prier ni de travailler, pas même de ne rien faire. On voudrait constamment être ailleurs. C'est le « dégoût de la vie », *taedium vitae*, ce que le Père du désert Jean Cassien appelle *horror loci*. Pour Josef Pieper, l'acédie, c'est la paresse : « [...] le concept de paresse signifie en fin de compte que l'homme refuse de consentir à son être propre, qu'en amont de l'énergique activité qu'il déploie, il n'est pas unifié [...][40]. » Et il déclare que paresse n'est pas fatigue. L'incapacité au loisir mène à l'acédie : « [...] le travail perpétuel, le travail pour le travail, procède de la paresse elle-même. Faudrait-il donc considérer que l'absence de repos liée à un fanatisme du travail presque suicidaire provienne d'une apathie et d'un manque de volonté[41] ? » Lorsque nous passons outre la fatigue, nous tombons dans l'agitation sans fin de celui qui se drogue au travail et dissimule par là son vide intérieur.

Pour Cassien, l'acédie, la lassitude à l'égard de la vie, engendre huit comportements. Il y a ainsi l'oisiveté (*otiositas*), qui ne se confond pas avec le loisir. Pour les Romains, le loisir est quelque chose de positif, c'est la capacité à profiter de l'instant. L'oisiveté, en revanche, est le refus de s'engager dans une activité ou dans le moment présent, c'est un manque de dynamisme intérieur.

De ce relâchement naît la somnolence persistante (*somnolentia*). C'est toujours par la fatigue et la somnolence que le moine réagit lorsque quelque chose pourrait le concerner ou l'interpeller. Il ne veut pas se laisser arracher à son train-train. Il ne veut pas se laisser déstabiliser. La somnolence est un refus de changer sa vie, une fuite devant l'appel intérieur.

La troisième attitude est la mauvaise humeur (*importunitas*), qui indique que l'on n'a pas affaire à une bonne fatigue. Pensons aux enfants : lorsqu'ils sont fatigués, ils deviennent pleurnicheurs et incapables de faire quoi que ce soit. Ils pleurent pour un rien. C'est la même chose chez les adultes : ils deviennent susceptibles et s'énervent à la moindre critique.

Les autres comportements que Cassien considère comme la conséquence et l'expression de l'acédie sont liés entre eux : l'inquiétude (*inquietudo*), le vagabondage (*pervagatio*), l'indécision (*instabilitas mentis et corporis*), le bavardage (*verbositas*) et la curiosité (*curiositas*). La fatigue s'exprime souvent par une inquiétude intérieure. Au lieu de se coucher le soir, quand on est fatigué, on laisse libre cours à son agitation, on s'occupe à telle ou telle chose, mais sans arriver à la mener à son terme. Ce genre de fatigue empêche aussi d'avoir une véritable conversation. On est curieux de tout, mais on n'éprouve pas d'intérêt réel pour une chose ou une personne en particulier.

Le philosophe Martin Heidegger dit de la curiosité qu'elle est une « instabilité spécifique à l'égard de ce qu'elle a à proximité », qu'elle se préoccupe de la « possibilité permanente de la dispersion »[42]. La personne fatiguée ne prête attention à rien ni à personne, elle manque de présence, elle n'est pas vraiment là, elle n'a pas de lieu de séjour intérieur. La fatigue l'amène à se soustraire à la rencontre et à l'instant.

Peter Handke parle de la fatigue dans sa laideur et sa méchanceté, de la fatigue séparatrice qui nous isole, nous sépare des autres et du monde. Les moines connaissent la fatigue qui est refus d'être dans l'instant, de s'ouvrir à Dieu et à son prochain. Mais, comme Handke, ils expérimentent aussi la « fatigue au regard clair », celle qui unifie, aiguise l'attention à l'essentiel, à la profondeur, celle qui est un éveil à la réalité conformément à la description que le jésuite Anthony de Mello donne de la mystique.

Comme la fatigue voile beaucoup de choses, cela permet à l'essentiel, c'est-à-dire au rapport intérieur qui unit toute chose, de se manifester.

Toute la question est de savoir comment passer de la « vilaine » fatigue, celle qui disperse, à la bonne fatigue, celle qui unifie. Les moines ont proposé diverses voies. Un des premiers Pères du désert, Évagre le Pontique, suggère les moyens suivants : « Quand l'intellect vagabonde, la lecture, la veille et la prière le fixent[43]. » Une organisation précise de la journée, marquée par la prière et le travail, la lecture et la prière, aide à mettre de l'ordre dans le désordre intérieur. L'acédie, la « vilaine » fatigue, arrache le moine à sa cellule et le livre au vagabondage, en pensée comme dans la réalité. Évagre donne donc le conseil suivant : « Il ne faut pas déserter la cellule à l'heure des tentations, si plausibles soient les prétextes que l'on se forge ; mais il faut rester assis à l'intérieur, être persévérant, et accueillir vaillamment les assaillants, tous, mais surtout le démon de l'acédie qui, parce qu'il est le plus pesant de tous, rend l'âme éprouvée au plus haut point ; car fuir de telles luttes et les éviter, cela apprend à l'intellect à être inhabile, lâche et fuyard[44]. »

Il y a la fatigue qui nous incite à nous fuir nous-mêmes. Nous pouvons la transformer en une bonne fatigue, une fatigue spirituelle, mystique, juste par le fait d'en prendre conscience. Nous prenons conscience du vagabondage de nos pensées, mais nous restons en nous-mêmes, sans nous laisser chasser de notre centre intérieur. Nous regardons la fatigue, nous observons son action. Évagre appelle cela « regarder la fatigue dans les yeux ». L'âme s'en trouve purifiée. Dans la fatigue apparaît tout ce que décrit Cassien : la somnolence, la mauvaise humeur, l'inquiétude, le vagabondage, l'indécision, le bavardage et la curiosité. En regardant la fatigue dans les yeux, nous comprenons la raison de notre mauvaise humeur, de notre fuite dans la somnolence, de notre vagabondage. Nous n'éprouvons aucun amour pour nous-mêmes, nous ne nous supportons pas. Car nous ne ressemblons pas à l'image idéale que nous nous sommes forgée. Nous sommes des êtres humains, des êtres dispersés, gouvernés par les émotions. Quand nous offrons à Dieu, comme le préconise Évagre, tout ce qui émerge dans notre âme du fait de la fatigue, notre âme se purifie. La fatigue nous conduit alors au fond de nous-mêmes, là où l'âme est claire, libérée de toute pensée, de tout sentiment superficiel, de toute inquiétude. Dès lors qu'au lieu de fuir la fatigue nous la regardons en face, elle devient une voie d'accès à l'âme. Mais lorsque nous nous évadons

dans la fatigue, la somnolence et le vagabondage, notre esprit devient lâche et
craintif et finit par perdre sa vigueur.

Le rapport individuel à la fatigue

La fatigue est souvent le résultat
d'années et d'années de refoulement : on
se sentait exploité sans s'en rendre
compte ; on ignorait systématiquement
les impulsions de son âme ; on masquait
sa fatigue physique en continuant à fonctionner ou en se tenant éveillé à l'aide de
café ou d'autres stimulants. La première
étape consiste donc à s'avouer sa fatigue
pour pouvoir en tirer profit.

Quand je quitte mes tâches administra-
tives vers dix-sept heures, par exemple,
ou que j'ai terminé mes séances d'accompagnement spirituel, je me couche pendant un quart d'heure. Je mets le réveil.
Et, au cours de ces quinze minutes, je
savoure le poids de mon corps. Je me
sens lourd et fatigué et, en même temps,
j'éprouve de la gratitude. Je suis fatigué
parce que j'ai travaillé pour Dieu et pour
les hommes. Dans ma fatigue, je suis présent à moi-même. Je m'accorde un
moment où je ne fais rien, où je ne pense
à rien, où je m'abandonne tout simplement à la fatigue. Alors je me sens porté,
protégé. J'ai le droit d'exister. Quand
je me lève, je suis frais et dispos et je

m'assieds volontiers pour lire un peu. Ou, si je dois aller à une conférence, j'ai le sentiment de pouvoir m'y rendre en étant reposé.

Quand une grippe s'annonce, je m'accorde une pause de midi plus longue, je m'étends et je me laisse aller à la fatigue. Si je luttais en ayant le désir de chasser la grippe au plus vite grâce aux médicaments, je ne ferais que prolonger la lutte. Mais si je laisse s'exprimer la fatigue, si j'accepte le fait de n'avoir pas envie d'écrire, de travailler ou de parler, alors je me sens mieux.

La fatigue est aussi un défi. La fatigue physique – provoquée ici par la maladie – me montre que je ne peux pas travailler autant que je le voudrais. Le corps m'indique mes limites. Il me dit à ce moment-là : « Tu ne peux pas sans arrêt avoir de nouvelles idées, tu ne peux pas écrire tout ce que tu as prévu d'écrire. Il est possible que tu doives traverser un moment de vide et d'absence de motivation. » Céder occasionnellement à ce sentiment de vide me fait du bien. Je reconnais alors que je n'ai pas envie d'écrire ou de m'entretenir avec quelqu'un. J'ai besoin de ce temps pour moi. J'admets que je suis dans le besoin, le besoin de calme, d'attention, de sollicitude.

J'ai observé que bien des gens refusent de se confronter à cette expérience. Et ils finissent par perdre réellement toute motivation, ils n'ont plus goût à rien. La fatigue, la perte d'envie et de motivation, la déception, tous ces sentiments font partie de notre lot. Quand nous les laissons exister, alors nous trouvons notre mesure. Nous trouvons un accès à nous-mêmes. Et nous ressentons comme un cadeau le fait que notre vie porte des fruits, que notre travail s'accomplit aisément et que nos pensées enrichissent autrui. La fatigue nous invite à ne pas nous définir par la performance, mais par l'être. Quand on est malade, quand on se sent fatigué et démotivé, on savoure le fait de pouvoir être, de ne rien avoir à accomplir, à prouver ni à faire.

La fatigue nous montre donc nos limites et il est bon de le reconnaître. Cependant elle n'est pas toujours une invitation à ne rien faire. Au contraire, montrons-nous créatifs à son égard. Certains affirment, par exemple, qu'ils n'arrivent pas à méditer le matin parce qu'ils sont trop fatigués. Je connais cela aussi. Quand je rentre trop tard chez moi, il m'arrive d'avoir envie de passer une petite demi-heure au lit après l'office des laudes. Je me dis que je pourrais aussi méditer couché, cela aurait plus de sens que de m'asseoir pour méditer devant l'icône du Christ. Pourtant, quand j'opte malgré tout pour la méditation assise, je sens que la fatigue n'est pas un obstacle. Au contraire, elle limite le flot des pensées. Je m'abandonne simplement au souffle de ma respiration et à la prière de Jésus que je lui associe. Et alors la méditation se révèle souvent intense.

Parfois aussi la fatigue me prend au volant, lorsque je rentre le soir après une conférence. Dans ce cas, j'écoute des cantates de Bach, elles m'accompagnent. Et si la musique ne parvient pas à chasser la fatigue, je me mets moi-même à chanter. D'abord mes morceaux préférés de chant grégorien, puis des chansons populaires qui me touchent. Chanter me maintient éveillé. Je suis alors plein de vitalité et je ne cède plus au sommeil.

La fatigue nous invite à faire ce qui est approprié. Le soir, quand je suis fatigué, je ne peux pas lire car la lecture m'endort. Cela me demande trop de concentration, surtout s'il s'agit d'un ouvrage de théologie. Mais rien ne m'empêche d'écrire ou de corriger d'anciens textes. Et même si je suis vraiment très las, j'essaie d'écrire ce qui me vient. Quand la fatigue me prend durant mon travail administratif, je peux répondre aux courriels, me consacrer à des tâches simples. La fatigue nous renvoie à notre rythme intérieur. En acceptant de le respecter, nous devenons capables de travailler efficacement. En l'ignorant et en agissant contre lui, nous courons le risque du surmenage. La fatigue cesse alors d'être une invitation à trouver la justesse du moment pour devenir un état chronique ou un adversaire à combattre à coups de café et de stimulants. Prendre la fatigue en compte permet soit d'adapter ses activités – accomplir des tâches simples, exécuter un travail de routine –, soit de s'accorder une pause. On prendra ainsi cinq minutes de repos dans son fauteuil, on fera une courte promenade ou simplement un petit séjour aux toilettes ! Interrompre, même brièvement, son travail aide à retrouver l'accès à soi-même et à sa source intérieure. Chacun a sa méthode. L'important est de reconnaître qu'on est fatigué et d'agir en conséquence. Au lieu de nous gêner dans notre travail, cela nous fait retrouver la motivation. Du coup, le travail devient un plaisir parce qu'il est en accord avec notre rythme intérieur.

Il n'est pas si facile d'admettre qu'on est fatigué. On se sent obligé d'être toujours en forme, de participer activement aux réunions. On masque sa fatigue en faisant la démonstration de son importance. On prend part à tout ce cirque parce qu'on veut passer pour un vigilant codécisionnaire. En réalité, on n'a aucune envie de décider. On en a assez de tout cela. Mais si on préfère ignorer la fatigue, elle finira par devenir chronique. Il ne sera plus possible de la combattre parce qu'elle aura trop d'emprise sur nous. Il vaudrait beaucoup mieux la prévenir, c'est un moyen de se remotiver et de continuer à s'engager. Et, tout en prenant ses distances avec la fatigue, on s'efforce d'être présent à ce qu'on fait. Sans compter que la fatigue nous donne le courage de montrer nos sentiments, d'oser dire nos doutes sur le bien-fondé de ce que nous faisons ou discutons. Et en avouant sa fatigue aux autres, on se donne la possibilité de provoquer un changement, de parler des véritables objectifs de l'entreprise et d'interroger le sens de notre action.

Nous avons tendance à interpréter la fatigue comme un phénomène négatif. C'est la raison pour laquelle nous la refoulons. Mais, comme on l'a dit, il y a aussi une fatigue positive. Quand on a fait une longue promenade, qui nous a coûté un certain effort physique, on rentre avec une saine fatigue. On prend éventuellement une bonne bière et on s'écroule sur son lit ! Certaines randonnées, en revanche, se traduisent par des efforts excessifs. Or, quand nous sommes trop fatigués, le sommeil nous fuit. Notre corps sait manifestement ce qu'il lui faut. À la bonne fatigue, il réagit par un sommeil sain, à la mauvaise, par l'insomnie.

Quand nous sentons en nous une fatigue qui nous prive de force et d'élan, qui nous pousse au cynisme et au sarcasme, il est grand temps de s'interroger. Tous les sentiments ont une raison d'être. Au lieu de juger notre fatigue, observons-la. Qu'a-t-elle à nous dire ? Est-il temps de renoncer à quelques illusions ? Notre « décentrement » fait-il obstacle à la vie ? Notre fatigue cache-t-elle un désir de revanche à l'égard de ceux qui nous critiquent ? Avons-nous des pensées du style : « Ils vont voir où ça les mène, leurs idées, leur désengagement, leur petit confort » ? Dans ce cas, la fatigue nous invite à prendre conscience de nos motivations. Elle nous montre que nous ne sommes pas désintéressés, que nous nous engageons avec des arrière-pensées – souvent par un désir de reconnaissance. Or, si ce désir n'est pas satisfait, la fatigue survient. En d'autres termes, la fatigue nous force à être honnêtes avec nous-mêmes.

En s'autorisant à dialoguer avec elle, on découvre en soi d'autres choses. On reconnaît ses limites. Il convient alors de se réconcilier avec elles, de les accepter au lieu de se pousser sans arrêt à la performance. La fatigue nous contraint à marquer le pas. Ce que nous faisons est-il bon pour nous ? Ou y a-t-il autre chose derrière ? Devrions-nous renoncer à certaines activités ? Ou plutôt aux idées que nous nous faisons sur notre travail et notre vie ? La fatigue est le signe que quelque chose prend fin. Les forces physiques, bien sûr, mais aussi des idées, des illusions. Elle veut nous éveiller à nous-mêmes, à la réalité et à Dieu. Elle nous exhorte à abandonner notre vieux rôle et à nous familiariser avec celui que l'âge et les circonstances nous imposent.

La fatigue est donc une voie de renouveau. À l'instar du sommeil qui nous permet d'aborder la journée en étant reposés, la fatigue nous renouvelle intérieurement. Elle nous indique que nous avons besoin d'autres motivations pour pouvoir faire ce que nous faisons sans nous épuiser. Elle nous propose de nous engager dans l'instant sans arrière-pensée. Ce n'est pas le travail qui nous fatigue, mais les pensées qui l'accompagnent. Lorsque le travail jaillit de la source intérieure, il entretient notre vitalité, il est l'expression d'un flux. Le flux n'est pas fatigant. Ce qui est fatigant, c'est de rester bloqué, de s'accrocher à des choses. La fatigue nous questionne : sommes-nous perméables à l'Esprit divin ou cherchons-nous à faire nos preuves en tout ce que nous entreprenons ?

L'éloge de la fatigue dans la philosophie

Dans l'histoire de l'Occident, on trouve de nombreux éloges de la fatigue. Dans l'Antiquité, ce sont surtout les stoïciens qui la célèbrent, notamment lorsqu'ils vantent le loisir. Les Grecs comme les Romains ont fait l'éloge du loisir. Le loisir est un moment de liberté, débarrassé de tout objectif, voué au véritable faire, à la perception de ce qui est, consacré aux arts libéraux, à la philosophie et à la théologie. Le loisir est également lié au culte. Josef Pieper, dans l'ouvrage qu'il a écrit sur la question, cite en exergue un propos de Platon décrivant le culte comme le lieu où la fatigue de l'homme se transforme : « Prenant cependant pitié des hommes, race vouée à la peine, les dieux instituèrent pour les soutenir dans leurs fatigues et apaiser leurs tourments le cycle des fêtes divines ; ils leur donnèrent comme compagnes les Muses, et leur guide Apollon, et Dionysos, afin que, nourris ainsi dans la fête de cette divine fréquentation, ils reçoivent à nouveau la rectitude et l'ordre[45]. » Les hommes fatigués se régénèrent dans l'exercice du culte. Ils reprennent courage. Ils se libèrent du fardeau et de l'obsession du travail, qui caractérisent aujourd'hui notre société.

Les Romains employaient le terme *otium*. C'est un moment de calme, un moment à savourer, un moment de liberté qui nous offre la paix intérieure. Les Grecs, eux, parlaient de *scholè*. Ce terme vient de *echein*, « avoir, tenir, s'arrêter ». Pour les Grecs, le loisir était un temps d'arrêt permettant de recevoir l'essentiel et de découvrir la richesse intérieure de l'âme. Ils le considéraient comme une caractéristique de l'homme libre, non soumis à l'esclavage du travail, qui s'accorde du temps pour reconnaître la vérité du monde et laisse exister les choses. Pieper décrit le loisir en ces termes : « Le loisir n'est pas l'attitude de celui qui attaque et cherche à capturer, mais de celui qui s'ouvre et lâche prise, qui se relâche et s'abandonne – un peu comme s'abandonne celui qui dort […][46]. »

De ce loisir intérieur naît un travail extrêmement fructueux. Ce travail n'a rien de laborieux et de pesant, il ignore la tension et la crispation. De nos jours, l'homme qui travaille cherche à donner l'impression qu'il est difficile de satisfaire aux exigences de son poste et qu'il y a quotidiennement une montagne de tâches à accomplir. Kant, en bon philosophe allemand, parle de « travail herculéen » et, par là, il entend aussi le travail intellectuel. C'est, dit-il, un travail éprouvant, qui demande beaucoup d'efforts. Lui correspond l'éthique qui prend sa source dans la philosophie kantienne. L'instinct naturel, dit Kant, est réfractaire à la loi morale. « Le bien est donc par nature difficile, et la tension volontaire, l'effort de victoire sur soi devient le critère du bien moral […][47]. » À l'inverse, la philosophie qui se réclame des Grecs et des Romains sait que la nature de la vertu réside dans ce qui est bon, pas dans ce qui est difficile.

Thomas d'Aquin, qui a intégré la pensée des Anciens dans sa philosophie et sa théologie chrétiennes, déclare que la nature de la vertu consiste pour l'homme à suivre ses penchants naturels et à réussir sans effort à faire ce qui est bien. Dans le concept de loisir développé par les Anciens, il y a une autre vision du monde et de l'homme. Et dans notre univers déterminé par le travail, il est bon de réfléchir au mystère du loisir.

Les Romains définissaient le travail comme « non-loisir », *neg-otium*. Cela ne signifie nullement qu'ils s'abstenaient de travailler. Aujourd'hui encore, on admire un peu partout leurs réalisations étonnantes dans la construction des villes et des routes, dans l'organisation de leur empire. Mais – ainsi pensaient-ils – le vrai travail doit s'accompagner du loisir pour être fructueux et perdre tout caractère contraint.

Pour les Romains, le loisir est une attitude et un état de l'âme. Le loisir, c'est laisser advenir les choses, privilégier le silence et le calme sans avoir besoin de changer constamment le monde. On commence par le laisser tel qu'il est. On s'étonne de sa beauté, on l'admire. On accueille ce qu'il souhaite nous dire.

On laisse les plantes pousser. On laisse les individus être comme ils sont. On ne se croit pas obligé de tout changer autour de soi, à commencer par son prochain. C'est seulement lorsqu'on est capable de le laisser exister tel qu'il est que l'on découvre dans quel sens il souhaite évoluer et comment on peut l'aider à devenir ce qu'il est au plus profond de lui-même.

Le loisir est donc la capacité à se calmer et à se taire. Seul celui qui fait silence peut entendre. Dans l'écoute, nous tendons l'oreille au mystère des choses. Au lieu d'explorer assidûment les lois de la nature, nous prêtons l'oreille à ce que la nature voudrait nous dire. Nous écoutons les autres. Il est rare que nous puissions tout de suite répondre à leurs questions, aussi est-il bon de commencer par écouter ce qui les anime et ce qui constitue leur désir le plus intime. En nous abandonnant au loisir, nous pouvons laisser advenir le mystère des choses. Le besoin de tout savoir disparaît devant l'étonnement ressenti face au mystère de l'être. Voilà comment on prend conscience de la profondeur des choses. Et le loisir est dicté par la joie. Nous devons à la philosophie grecque des vues très importantes sur le mystère de l'homme. Cela dit, ceux qui connaissaient encore le loisir ignoraient l'opiniâtreté de nos chercheurs d'aujourd'hui. Les philosophes grecs observaient les hommes, la vie et le monde. Cette forme d'observation leur permettait d'aller au fond des choses et c'est ainsi qu'ils ont acquis une connaissance profonde du mystère humain et divin. Le loisir est le lieu de la *theoria*, de la contemplation, de la vision de l'être. Nous ne cherchons plus à tout savoir, mais à discerner l'essence de l'être. Le loisir ne se confond évidemment pas avec la fatigue. Mais ce que les philosophes romains ont dit du loisir peut nous servir pour la fatigue : celle-ci nous invite à nous consacrer au mystère du monde et de l'homme, à en prendre conscience et à cesser de vouloir toujours tout changer.

L'éloge du loisir devient, chez Peter Handke et Byung-Chul Han, un éloge de la fatigue. Pour le philosophe coréen, l'éloge de la fatigue s'apparente à une thérapie. Il parle de notre époque comme d'un temps où l'excès de positivité rend l'homme malade. Cela débouche sur la société de la performance, qui « suscite des infarctus psychiques[48] ». La pression de la performance « épuise » l'âme, l'« exténue ». « Ce nouveau type d'homme, livré sans défense à l'excès de positivité, est privé de toute souveraineté. L'homme dépressif est un animal *laborans* qui s'exploite lui-même et ce de son plein gré, sans contrainte extérieure[49]. » Dans cet univers où l'on n'en fait jamais assez, il manque l'élément contemplatif, le sens de la tranquillité d'où peut naître le renouvellement. Han cite Nietzsche : « Par intranquillité, notre civilisation aboutit à une nouvelle barbarie. Jamais les individus agissants, c'est-à-dire les intranquilles, n'ont eu autant d'importance. Parmi les corrections nécessaires qu'il convient d'apporter au caractère de l'humanité, il faut donc considérablement renforcer l'élément paisible[50]. »

La tâche la plus importante de l'éducation, au sens où la comprend Nietzsche, consiste à enseigner à l'homme comment voir. Le loisir (*scholè*, l'« école ») est le lieu où l'homme apprend la vision juste. Car, toujours selon Nietzsche, celui qui n'a pas appris à voir agit de manière stupide. Son action est semblable à celle d'une machine. On ne peut pas l'interrompre. Elle conduit à l'épuisement.

À l'encontre de cet épuisement par excès de travail « stupide », le philosophe coréen plaide pour une fatigue inspiratrice, une fatigue du « ne pas ». Il se réfère en l'occurrence au commandement biblique du shabbat : « Le shabbat, qui à l'origine signifie "s'arrêter", est un jour du "ne pas", un jour libre de "pour" ou, comme le dit Heidegger, de tout souci. C'est un moment intermédiaire. Après sa création, Dieu déclare que le septième jour est sacré. Ce n'est donc pas le jour du "pour" qui est sacré, mais celui du "ne pas", un jour où l'utilisation de l'inutilisable deviendrait possible. C'est le jour de la fatigue[51]. » Han appelle ce temps de la fatigue, ce temps intermédiaire, « un temps du jeu » et le distingue du temps de Heidegger « qui est essentiellement un temps du souci et du travail[52] ».

Chez Handke et Han, la fatigue mène à la détente. Sur ce point également, tous deux reprennent une des valeurs mystiques, la tranquillité de Maître Eckhart, qui signifie un laisser-advenir. L'essentiel advient quand nous le laissons exister tel qu'il est, quand nous laissons agir Dieu. Handke décrit ainsi les « hôtes de la Pentecôte » qui reçoivent le Saint-Esprit : « [...] le banc [...] me les fait imaginer fatigués. L'inspiration de la fatigue dit moins ce qu'il faut faire que ce qu'on peut laisser de côté[53]. » Han reprend l'image de Handke en écrivant que les hôtes de la Pentecôte « sont une société de gens fatigués dans un sens particulier. Si la société de la Pentecôte était synonyme de la société du futur, celle-ci pourrait aussi s'appeler société de la fatigue[54] ». Pour Han, il ne s'agit pas d'une société fatiguée, mais d'une société qui nous libère de la trop grande positivité du « toujours plus, toujours plus vite ». Elle nous amène à la détente, à la contemplation et à l'inspiration. Le remède à la société fatiguée, exténuée, c'est une société où la fatigue serait prise en compte comme une manière d'être. Cette société pourrait devenir une société de la Pentecôte, capable de créer un nouvel élan, sensible aux impulsions du Saint-Esprit.

L'homme a besoin de la vigilance et de l'agressivité pour pouvoir se saisir des choses, il a besoin du plaisir de faire et de donner forme. Mais il a aussi besoin de la fatigue pour marquer une pause, reconnaître ses limites et poser sur le monde un autre regard, un regard qui ne reste pas à la surface mais aille au fond des choses. Ou encore – pour reprendre les termes de la philosophie grecque – notre société a besoin du loisir car « l'énergie propre au loisir fait partie des puissances fondamentales de l'âme humaine. Comme le don d'immersion contemplative au sein de l'être et la capacité d'élévation festive du cœur, cette énergie permet, dans le dépassement du monde du travail, d'atteindre des puissances d'être surhumaines et dispensatrices de vie, qui nous renvoient ensuite réconfortés et renouvelés dans la nervosité du quotidien[55] ». Cet éloge de la fatigue ne s'applique évidemment pas à la « vilaine » fatigue séparatrice, mais à la fatigue clairvoyante que décrit Handke. Pour moi, faire l'éloge de la fatigue signifie m'autoriser à être fatigué et même paresseux, accepter de ne pas avoir envie de travailler ni de résoudre les problèmes des autres. La fatigue est une invitation à être présent à soi sans qu'il en résulte forcément quelque chose. Nous ne sommes pas obligés de méditer pour progresser dans notre voie spirituelle. Nous ne sommes pas obligés de lire pour acquérir de nouveaux aperçus. Nous avons tout simplement le droit d'être là et de nous abandonner à la fatigue. Dès lors, celle-ci nous permettra d'être entièrement présents à nous-mêmes.

En même temps, cette fatigue nous relie aux autres. Quand on se couche, une fois le travail accompli, on est tout à soi-même. Cependant nos pensées vont plus loin. De la fatigue naissent des images qui nous font devenir un avec tout ce qui est, qui nous ouvrent à la profondeur de la vie, c'est-à-dire à Dieu. Nous ressentons de la gratitude : pour notre vie, pour le fait qu'en dépit de notre fatigue, il ait pu naître tant de choses en nous et à travers nous. Nous éprouvons aussi un grand sentiment de liberté : nous n'avons pas à faire quoi que ce soit, à développer d'autres idées. Nous n'avons pas à sauver l'Église ou la société. Nous pouvons simplement être présents à nous-mêmes. Et en même temps, nous découvrons en nous le lien profond qui nous unit à tous les hommes, à tout ce qui est, à Dieu, le fondement de l'existence. C'est l'expérience de Siddharta, telle que la comprend Hermann Hesse. Alors que Siddharta est couché sur la rive, fatigué de l'ascèse, fatigué du plaisir, il se sent soudain profondément lié aux hommes. Le sentiment de supériorité qu'il avait cultivé s'effondre en lui. Désormais, il est l'un de ces hommes. Désormais, il ressent pour eux de l'attachement et de l'amour.

L'éloge de la fatigue que l'on trouve aujourd'hui sous la plume de Peter Handke et de Byung-Chul Han s'inspire de l'éloge que les romantiques faisaient de la paresse. Les écrivains et penseurs du romantisme critiquaient la survalorisation de l'assiduité au travail dans la société bourgeoise des Lumières. Tout comme aujourd'hui, seule comptait la performance. Autrefois, l'accent était mis sur la performance intellectuelle. A contrario, les romantiques, Schlegel par exemple, voyaient dans la paresse un « art divin ». Ils y décelaient la possibilité de percevoir le monde sur le mode contemplatif.

Cette paresse s'apparente au loisir que les Romains célébraient et qui a été repris par Thomas d'Aquin et Joseph Pieper. Elle signifie un non-agir conscient. C'est la sagesse du taoïsme, qui parle de *wu-wei*, « laisser-faire ». Nous voulons tout maîtriser, tout contrôler, mais cela a pour seul effet de stériliser le monde et d'épuiser l'individu. Il y a des domaines où il faut simplement laisser faire. Pour Carl Gustav Jung, c'est aussi un devoir important pour l'âme, car il y a des problèmes « qu'on n'a tout simplement pas les moyens de régler soi-même ». Et il poursuit : « Cet aveu a l'avantage de la sincérité, de la vérité et de la réalité. Et il pose les bases d'une réaction compensatoire de l'inconscient collectif. Autrement dit, on est désormais enclin à prêter attention à une idée utile ou à percevoir des pensées qu'on ne laissait pas s'exprimer auparavant[56]. »

Pour éviter que la fatigue ne nous conduise à une paresse néfaste, il faut se montrer attentif et observateur. Si nous nous contentons de vivre paresseusement sans la moindre conscience de ce qui émerge en nous, notre âme n'en retirera aucun profit. Mais lorsque nous sortons consciemment de l'univers du toujours plus et que nous observons ce qui s'élève alors dans notre âme, la paresse nous conduit à la vérité. En même temps, dit Jung, apparaissent dans notre âme les remèdes qui guérissent la maladie et le trouble et régénèrent ce qui était fatigué.

En guise de conclusion

TOUT HOMME fait l'expérience de la fatigue. Quand on n'est pas fatigué, on n'a pas besoin de se coucher. Quand on est fatigué, on apprécie de pouvoir dormir et, le lendemain, on se réveille frais et dispos. C'est la bonne fatigue, celle qui s'inscrit dans le rythme de la vie. Il y a aussi la fatigue de l'homme privé de force et de motivation, qui ne se sent pas prêt à assumer la responsabilité de sa vie et de son monde. Et il y a le phénomène social de la fatigue : une société peut se fatiguer, elle peut se lasser de ses institutions politiques et religieuses. La fatigue est alors comme une chape paralysante qui épuise l'individu, les groupes d'hommes et les nations.

Il y a également la fatigue qui nous invite à marquer une pause, qui rend possible un nouveau départ et nous ouvre à la dimension contemplative de la vie. C'est en ce sens que les moines d'autrefois comprenaient la fatigue. À notre époque, Peter Handke a évoqué la « fatigue au regard clair », celle qui nous lie silencieusement aux autres et au monde. Quant au philosophe coréen Byung-Chul Han, il y voit un remède à l'usage de notre société qui épuise les individus à force de positivité et d'incitation à la performance.

Tout phénomène humain possédant deux aspects, il s'agit ainsi de reconnaître les deux faces de la fatigue et de faire en sorte qu'elle devienne pour nous une bénédiction. La fatigue nous oblige à être humbles, à reconnaître nos limites. Et elle nous ouvre à la complexité de notre vie. Mais elle peut aussi nous conduire à l'écœurement et au dégoût de l'existence. Tout dépend de la façon dont nous la percevons et de ce que nous sommes capables d'en faire.

La première étape consiste à reconnaître la fatigue. La deuxième, à l'observer et, comme le dit Évagre le Pontique, à la « regarder dans les yeux » pour discerner ce qu'elle a à nous dire. La troisième étape nous demande de réagir : soit nous coucher pour prendre du repos, soit nous mettre au diapason de notre fatigue, soit encore en questionner les raisons profondes.

Elle nous invite à mettre d'autres accents dans notre vie, parfois même à changer de direction. Mais son véritable objectif reste la contemplation. Elle nous conduit jusqu'au fond de notre âme, là où les problèmes de ce monde n'ont pas accès, là où nous ne faisons qu'un avec nous-mêmes, un avec le monde et un avec Dieu. C'est alors la bonne fatigue, la fatigue clairvoyante et unificatrice, qui nous est bénéfique et qui profite à notre société. Dans cette intériorité où la fatigue aimerait nous conduire, nous sommes vivants et bien réveillés. Une source y bouillonne, qui ne tarit jamais. Quand nous nous alimentons à cette source, nous ne pouvons céder à l'épuisement. Nous ne connaissons qu'une fatigue ordinaire, qui, de nouveau, nous renvoie vers nous-mêmes. C'est là que se trouve le lieu de notre éveil, d'une vigilance qui tient à l'acceptation de la fatigue physique et psychique. C'est la vigilance de l'être pur. Là, nous n'avons pas à nous contraindre à rester éveillés.

Quand, à la faveur du loisir, nous nous tournons vers l'intérieur, nous y découvrons l'attention qui nous permet de voir les choses telles qu'elles sont. Alors ce monde n'aura plus le pouvoir de nous fatiguer, nous le façonnerons de nos idées nouvelles, de ces idées qui sont en accord avec son être et permettront au rêve divin d'accroître sans cesse sa lumière.

Prières

S I VOUS êtes trop fatigués pour lire les réflexions que j'ai développées dans cet ouvrage ou pour vous mettre à la méditation, vous pouvez, chers lecteurs, réciter une des prières suivantes.

Le mieux est de prononcer lentement, à voix haute, ces paroles des Psaumes, des chants de l'Ancien Testament et des prières de la tradition spirituelle. On y trouve des images très anciennes, créées par les priants il y a de cela trois mille ans et qui leur ont servi à offrir leur fatigue à Dieu. Peut-être ces images vous aideront-elles à exprimer vos propres expériences. En formulant votre fatigue, vous pouvez la faire changer. Mais s'il n'y a pas de changement, ne vous imposez rien. Laissez simplement les mots vous inciter à vous asseoir tranquillement, à accepter la fatigue et à être attentifs aux images ou aux associations d'idées qui vous viennent. Peut-être alors votre fatigue deviendra-t-elle le lieu d'une profonde expérience spirituelle, un lieu où, pour une fois, vous vous sentirez en paix, où vous reconnaîtrez ce qui est bon pour vous.

Je souhaite donc que ces prières, ou juste le silence, vous mettent en relation avec le fond de votre âme, où réside déjà tout ce qui pourra vous aider à trouver votre voie. Ainsi, votre fatigue et l'usage que vous faites alors de la prière deviendront pour vous une source de renouvellement intérieur, de joie de vivre retrouvée.

Psaume 69

Sauve-moi, ô Dieu, car les eaux
me sont entrées jusqu'à l'âme.

J'enfonce dans la bourbe du gouffre,
et rien qui tienne ;
je suis entré dans l'abîme des eaux,
et le flot me submerge.

Je m'épuise à crier, ma gorge brûle,
mes yeux sont consumés d'attendre mon
   Dieu.

Plus nombreux que les cheveux de la
   tête,
ceux qui me haïssent sans cause ;
ils sont puissants, ceux qui me détrui-
   sent,
ceux qui m'en veulent à tort.
(Ce que je n'ai pas pris, devrai-je le
   rendre ?)

Ô Dieu, Tu sais ma folie,
mes offenses sont à nu devant Toi.

Qu'ils ne rougissent pas de moi, ceux qui
T'espèrent,
Yahvé Sabaot !
Qu'ils n'aient pas honte de moi, ceux qui
Te cherchent,
Dieu d'Israël !

C'est pour Toi que je souffre l'insulte,
que la honte me couvre le visage,
que je suis un étranger pour mes frères,
un inconnu pour les fils de ma mère ;
car le zèle de Ta Maison me dévore,
l'insulte de Tes insulteurs tombe sur moi.

Que j'afflige mon âme par le jeûne
et l'on m'en fait un sujet d'insulte ;
que je prenne un sac pour vêtement
et pour eux je deviens une fable,
le conte des gens assis à la porte
et la chanson des buveurs de boissons
fortes.

Et moi, T'adressant ma prière, Yahvé,
au temps favorable,
en Ton grand amour, Dieu, réponds-moi
en la vérité de Ton salut.

Tire-moi du bourbier, que je n'enfonce,
que j'échappe à mes adversaires,
à l'abîme des eaux !
Que le flux des eaux ne me submerge,
que le gouffre ne me dévore,
que la bouche de la fosse ne me happe !

Réponds-moi, Yahvé : car Ton amour est
   bonté ;
en Ta grande tendresse regarde vers
   moi ;
à Ton serviteur ne cache point Ta face,
l'oppression est sur moi, vite, réponds-
   moi ;
approche de mon âme, venge-la,
à cause de mes ennemis, rachète-moi.

Toi, Tu connais mon insulte,
ma honte et mon affront.
Devant Toi tous mes oppresseurs.
L'insulte m'a brisé le cœur,
jusqu'à défaillir.
J'espérais la compassion, mais en vain,
des consolateurs, et je n'en ai pas
   trouvé.

Pour nourriture ils m'ont donné du poi-
   son,
dans ma soif ils m'abreuvaient de
   vinaigre.
[...]

Et moi, courbé, blessé,
que Ton salut, Dieu, me redresse !
Je louerai le nom de Dieu par un can-
   tique,
je le magnifierai par l'action de grâces ;
cela plaît à Yahvé plus qu'un taureau,
une forte bête avec corne et sabot.

Ils ont vu, les humbles, ils jubilent ;
chercheurs de Dieu, que vive votre
   cœur !
Car Yahvé exauce les pauvres,
Il n'a pas méprisé Ses captifs.
Que L'acclament le ciel et la terre,
la mer et tout ce qui y remue !

Car Dieu sauvera Sion,
Il rebâtira les villes de Juda,
là, on habitera, on possédera ;
la lignée de Ses serviteurs en hérite
et les amants de Son Nom y demeurent.

Hymne des laudes

ANTIPHONAIRE BÉNÉDICTIN

Ô Dieu de lumière, semblable au Père,
Ô Lumière d'où procède notre lumière,
Ô Jour éternel : entends notre supplique
Qui monte de la nuit jusques au ciel.

Arrache-nous aux peurs et à l'obscurité
De cette nuit qui règne sur la terre,
Éloigne de nous la fatigue
Qui à faire le bien nous rend paresseux.

Ô Christ, Tu es la lumière du monde,
Le Dieu en Qui nous avons foi,
Au fond de l'obscurité, c'est en Toi
Que repose notre espoir.

De tout notre cœur nous Te louons,
Ô Christ, maître de toute splendeur,
Toi qui nous aimes de toute éternité
Avec le Père et le Saint-Esprit. Amen.

Contre la résignation

Seigneur Jésus, Ta résurrection a transformé la grisaille de mon quotidien et l'a plongée dans l'éclat de Ta magnificence divine.

Fais-moi sentir à tout instant de ma vie que Tu es le Ressuscité : dans le travail, dans l'effort vain, dans la déception, dans l'échange et dans la solitude.

Fais-moi reconnaître que Tu as quitté les rives de l'éternité pour entrer dans ma vie et que Tu l'as baignée de la douce lumière de Ton amour.

Fais-moi éprouver la résurrection au sein de mon quotidien, que je sorte du tombeau de la peur et de la résignation pour entrer dans la vie dont Tu me fais don.

Cantique d'Isaïe 35, 1-10

Que soient pleins d'allégresse désert et
   terre aride,
que la steppe exulte et fleurisse ;
comme l'asphodèle qu'elle se couvre de
   fleurs,
qu'elle exulte de joie et pousse des cris,
la gloire du Liban lui a été donnée,
la splendeur du Carmel et de Saron.
Ce sont eux qui verront la gloire de
   Yahvé,
la splendeur de notre Dieu.
Fortifiez les mains affaiblies,
affermissez les genoux qui chancellent.
Dites aux cœurs défaillants :
« Soyez forts, ne craignez pas ;
voici votre Dieu.
C'est la vengeance qui vient,
la rétribution divine.
C'est lui qui vient vous sauver. »
Alors se dessilleront les yeux des
   aveugles,
et les oreilles des sourds s'ouvriront.
Alors le boiteux bondira comme un cerf,

et la langue du muet criera sa joie.
Parce qu'auront jailli les eaux dans le
   désert
et les torrents dans la steppe.
La terre brûlée deviendra un marécage,
et le pays de la soif des eaux jaillissantes ;
dans les repaires où gîtaient les chacals
on verra des enclos de roseaux et de
   papyrus.
Il y aura là une chaussée et un chemin,
on l'appellera la voie sacrée ;
l'impur n'y passera pas ;
c'est Lui qui pour eux ira par ce chemin,
et les insensés ne s'y égareront pas.
Il n'y aura pas de lion
et la plus féroce des bêtes n'y montera
   pas,
on ne l'y rencontrera pas,
mais les rachetés y marcheront.
Ceux qu'a libérés Yahvé reviendront,
ils arriveront à Sion criant de joie,
portant avec eux une joie éternelle.
La joie et l'allégresse les accompagne-
   ront,
la douleur et les plaintes cesseront.

Cantique d'Isaïe 38, 10-20

Je disais : au midi de mes jours, je m'en
   vais,
aux portes du séjour des morts je serai
   gardé pour le reste de mes ans.
Je disais : je ne verrai pas Yahvé sur la
   terre des vivants,
je n'aurai plus un regard pour personne
parmi les habitants du monde.
Ma demeure est arrachée, jetée loin de
   moi,
comme une tente de bergers ;
comme un tisserand j'ai enroulé ma vie,
Il m'a séparé de la chaîne.
Du point du jour jusqu'à la nuit Tu m'as
   achevé ;
j'ai crié jusqu'au matin ;
comme un lion, c'est ainsi qu'Il broie
   tous mes os,
du point du jour jusqu'à la nuit Tu m'as
   achevé.
Comme l'hirondelle, je pépie,
je gémis comme la colombe,
mes yeux faiblissent à regarder en haut.

Seigneur, je suis accablé, viens à mon
aide.
Comment parlerai-je et que Lui dirai-je ?
Car c'est Lui qui agit.
Je m'avancerai, toutes mes années
durant,
dans l'amertume de mon âme.
Le Seigneur est sur eux, ils vivent et tout
ce qui est en eux est vie de Son esprit.
Tu me guériras, fais-moi vivre.
Voici que mon amertume se change en
bien-être.
C'est Toi qui as préservé mon âme
de la fosse du néant,
Tu as jeté derrière Toi tous mes péchés.
Ce n'est pas le séjour des morts qui Te
loue, ni la mort qui Te célèbre.
Ils n'espèrent plus en Ta fidélité, ceux
qui descendent dans la fosse.
Le vivant, le vivant lui seul Te loue,
comme moi aujourd'hui.
Le père à ses fils fait connaître Ta fidélité.
Yahvé, viens à mon aide,
et nous ferons résonner nos harpes
tous les jours de notre vie
dans le Temple de Yahvé.

Cantique d'Isaïe 40, 26-31

Levez les yeux là-haut et voyez :
Qui a créé ces astres ?
Il déploie leur armée en bon ordre,
Il les appelle tous par leur nom.
Sa vigueur est si grande et telle est Sa
   force
que pas un ne manque.
Pourquoi dis-tu, Jacob, et répètes-tu,
   Israël :
« Ma voie est cachée à Yahvé,
et mon droit échappe à mon Dieu ? »
Ne le sais-tu pas ? Ne l'as-tu pas entendu
   dire ?
Yahvé est un Dieu éternel,
créateur des extrémités de la terre.
Il ne se fatigue ni ne se lasse,
insondable est Son intelligence.
Il donne la force à celui qui est fatigué,
à celui qui est sans vigueur Il prodigue
   le réconfort.
Les adolescents se fatiguent et s'épuisent,
les jeunes ne font que chanceler,

mais ceux qui espèrent en Yahvé renouvellent leur force,
ils déploient leurs ailes comme des
aigles,
ils courent sans s'épuiser,
ils marchent sans se fatiguer.

Psaume 40

J'espérais Yahvé d'un grand espoir,
Il s'est penché vers moi,
Il écouta mon cri.

Il me tira du gouffre tumultueux,
de la vase du bourbier ;
Il dressa mes pieds sur le roc,
affermissant mes pas.

En ma bouche Il mit un chant nouveau,
louange à notre Dieu ;
beaucoup verront et craindront,
ils auront foi en Yahvé.

Heureux est l'homme, celui-là
qui met en Yahvé sa foi,
ne tourne pas du côté des rebelles
égarés dans le mensonge !

Que de choses Tu as faites, Toi,
Yahvé mon Dieu,
Tes merveilles, Tes projets pour nous :
rien ne se mesure à Toi !

Je veux le publier, le redire :
il en est trop pour les dénombrer.

Tu ne voulais sacrifice ni oblation,
Tu m'as ouvert l'oreille,
Tu n'exigeais holocauste ni victime,
alors j'ai dit : voici, je viens.

Au rouleau du livre il m'est prescrit
de faire Tes volontés ;
mon Dieu, j'ai voulu Ta loi
au profond de mes entrailles.

J'ai annoncé la justice de Yahvé
dans la grande assemblée ;
vois, je ne ferme pas mes lèvres,
Toi, Tu le sais.

Je n'ai pas celé Ta justice au profond de
      mon cœur,
j'ai dit Ta fidélité, Ton salut,
je n'ai pas caché Ton amour et Ta vérité
à la grande assemblée.

Toi, Yahvé, Tu ne fermes pas
pour moi Tes tendresses !
Ton amour et Ta vérité
sans cesse me garderont.

Car les malheurs m'assiègent,
à ne pouvoir les dénombrer ;
mes torts retombent sur moi,
je n'y peux plus voir ;

ils foisonnent plus que les cheveux de
   ma tête
et le cœur me manque.

Daigne, Yahvé, me secourir !
Yahvé, vite à mon aide !
Honte et déshonneur sur tous ceux-là
qui cherchent mon âme pour la perdre !

Arrière ! Honnis soient-ils,
ceux que flatte mon malheur !
Qu'ils soient stupéfiés de honte,
ceux qui me disent : « Ha ! Ha ! »

Joie en Toi et réjouissance
à tous ceux qui Te cherchent !
Qu'ils redisent toujours : « Yahvé est
   grand ! »,
ceux qui aiment Ton salut !

Et moi, pauvre et malheureux,
le Seigneur pense à moi.
Toi, mon secours et sauveur,
mon Dieu, ne tarde pas.

Que Dieu me donne la tranquillité

Friedrich Christoph Oetinger
(1702-1782)

Que Dieu me donne la tranquillité d'accepter ce que je ne peux changer, le courage de changer ce que je peux changer, et la sagesse de discerner ce que je peux ou non changer.

Dieu est au-dessus de moi

D'APRÈS
UNE BÉNÉDICTION IRLANDAISE

Dieu est au-dessus de moi
Pour me protéger.
Dieu est devant moi
Pour me montrer la voie.
Dieu est près de moi
Pour me garder des dangers
Qui de tous côtés me guettent.
Dieu est derrière moi
Pour me préserver
De la perfidie des méchants.
Dieu est en dessous de moi
Pour me rattraper quand je tombe.
Dieu est en moi
Pour me consoler quand je suis triste.

Psaume 143, 1-12

Yahvé, écoute ma prière,
prête l'oreille à mes supplications,
en Ta fidélité réponds-moi, en Ta justice ;
n'entre pas en jugement avec Ton servi-
    teur,
nul vivant n'est justifié devant Toi.

L'ennemi pourchasse mon âme,
contre terre il écrase ma vie ;
il me fait habiter dans les ténèbres
comme ceux qui sont morts à jamais ;
le souffle en moi s'éteint,
mon cœur au fond de moi s'épouvante.

Je me souviens des jours d'autrefois,
je me redis toutes Tes œuvres,
sur l'ouvrage de Tes mains je médite ;
je tends les mains vers Toi,
mon âme est une terre assoiffée de Toi.

Viens vite, réponds-moi, Yahvé,
je suis à bout de souffle ;
ne cache pas loin de moi Ta face,

je serais de ceux qui descendent à la
   fosse.

Fais que j'entende au matin Ton amour,
car je compte sur Toi ;
fais que je sache la route à suivre,
car vers Toi j'élève mon âme.

Délivre-moi de mes ennemis, Yahvé,
près de Toi je suis à couvert,
enseigne-moi à faire Tes volontés,
car c'est Toi mon Dieu ;
que Ton souffle bon me conduise
par une terre unie.

À cause de Ton Nom, Yahvé,
fais que je vive en Ta justice ;
tire mon âme de l'angoisse,
en Ton amour anéantis mes ennemis ;
détruis tous les oppresseurs de mon âme,
car moi je suis Ton serviteur.

Psaume 6

Yahvé, ne me châtie point dans Ta colère,
ne me reprends point dans Ta fureur.
Pitié pour moi, Yahvé, je suis à bout de
   force,
guéris-moi, Yahvé, mes os sont bouleversés,
mon âme est toute bouleversée.
Mais Toi, Yahvé, jusques à quand ?

Reviens, Yahvé, délivre mon âme,
sauve-moi, en raison de Ton amour.
Car, dans la mort, nul souvenir de Toi :
dans le séjour des morts, qui Te louerait ?

Je me suis épuisé en gémissements,
chaque nuit, je baigne ma couche ;
de mes larmes j'arrose mon lit,
mon œil est rongé de pleurs.
Insolence chez tous mes oppresseurs ;
loin de moi, tous les malfaisants !

Car Yahvé entend la voix de mes san-
   glots ;

Yahvé entend ma supplication,
Yahvé accueillera ma prière.
Tous mes ennemis, confondus,
   bouleversés,
qu'ils reculent, soudain confondus !

Viens, Esprit Saint, vraie Lumière

SAINT SYMÉON, DIT LE NOUVEAU THÉOLOGIEN (949-1022)

Viens, Esprit Saint, vraie Lumière,
Viens, Mystère caché,
Viens, Trésor innommé,
Viens, Bonheur infini,
Viens, pour le salut de tous ceux qui
  T'attendent,
Viens, ô Toi, l'Invisible,
Viens, Nom bien-aimé,
Partout entendu.
Viens, mon Souffle et ma Vie,
Viens, Réconfort de mon âme.
Viens, ma Joie,
Et ma Gloire dans les siècles des siècles.

Seigneur, ne tarde plus

Brigitte de Suède (1303-1373)

Seigneur, ne tarde plus,
Apporte la lumière à la nuit.
Je suis comme le mourant,
Assoiffée de Ta présence.

Ô Seigneur Jésus, fils de Dieu,
Devant Tes juges
Tu es resté muet.
Retiens ma langue
Tant que je ne saurai
Ce que bien parler veut dire.
Montre-moi la voie
Et donne-moi la volonté de la suivre.

Il est mal d'hésiter,
Périlleux de poursuivre sa route.
Exauce mon désir
Et montre-moi la voie.
Je viens à Toi
Comme le blessé au médecin.
Donne, ô Seigneur, la paix à mon cœur.

Amen.

Je crois au soleil

ÉCRIT SUR LE MUR DU GHETTO DE VARSOVIE PAR UN JUIF INCONNU

Je crois au soleil
Même si je ne le vois pas.

Je crois en l'amour
Même si je ne le sens pas.

Je crois en Dieu
Même si je ne le vois pas.

Louange

SAINTE GERTRUDE DE HELFTA
(1256-1301/1302)

Louange à Toi de toute la force de mon
  esprit !
Louange à Toi de tout mon être !
Louange à Toi de tout mon corps et de
  toute mon âme !
Que tout en moi Te transfigure !
Que tous mes désirs exultent vers Toi !

Non, je ne peux, moi, chanter Ta
  louange !

Alors que toutes les œuvres mer-
  veilleuses
Que de Toi je reçois
Chantent Ta gloire et Ta louange
Ô Dieu qui règnes sur ma vie !

Seigneur, mon Dieu

SAINT NICOLAS DE FLÜE
(1417-1487)

Seigneur, mon Dieu,
Ôte de moi
Tout ce qui m'empêche d'aller à Toi.
Seigneur, mon Dieu,
Donne-moi tout ce qui me conduit à Toi.
Seigneur, mon Dieu,
Ôte-moi à moi-même
Et me donne tout entier à Toi.

Notes

1. Jörg Fengler, *Helfen macht müde. Zur Analyse und Bewältigung von Burnout und beruflicher Deformation* [Aider est source de fatigue. Analyse et maîtrise du burn-out et de la déformation professionnelle], Munich, 1998, p. 92. *(Toutes les notes sont de la traductrice.)*

2. *Ibid.*, p. 94.

3. Poète franconien (1788-1866), auteur, entre autres, des *Kindertotenlieder* [Les chants des enfants morts], qui furent mis en musique par Gustav Mahler.

4. Graham Greene, *La Fin d'une liaison*, trad. Marcelle Sibon, Paris, 10/18, 2000, p. 323.

5. *Ibid.*, p. 325.

6. Peter Handke, *Essai sur la fatigue*, trad. Georges-Arthur Goldschmidt, Paris, Gallimard, coll. « Folio », 1991, p. 19.

7. *Ibid.*, p. 20-21.

8. *Ibid.*, p. 22-23.

9. Romano Guardini (1885-1968) était un théologien catholique allemand d'origine italienne qui s'est surtout illustré par sa réflexion sur la liturgie.

10. Peter Handke, *Essai sur la fatigue*, *op. cit.*, p. 12.

11. *Ibid.*

12. Alfred Delp (1907-1945) était un jésuite allemand, défenseur du dialogue interchrétien. Opposant actif au nazisme, il fut arrêté en 1944,

163

peu après l'attentat manqué contre Hitler, et emprisonné à la prison de Tegel, à Berlin. Il fut exécuté en 1945.

13. Alfred Delp, *Gesammelte Schriften. Aus dem Gefängnis* [Œuvres complètes. Écrits de captivité], Bd 4, Francfort, 1984, p. 302.

14. *Ibid.*, p. 288.

15. Hermann Hesse, *Siddharta*, trad. Joseph Delage, Paris, Le Livre de poche, 2010, p. 100.

16. *Ibid.*, p. 100-101.

17. *Ibid.*, p. 139-140.

18. *Psychologie heute*, février 2010, p. 31.

19. Markus Treichler, *Der überforderte Mensch. Chronisch müde, erschöpft, ausgebrannt* [L'Homme surmené. Fatigue, épuisement, éreintement chroniques], Munich, 2001, p. 43 et suiv.

20. *Ibid.*, p. 44 et suiv.

21. *Ibid.*, p. 44.

22. *Ibid.*, p. 45 et suiv.

23. *Ibid.*, p. 47 et suiv.

24. *Ibid.*, p. 48.

25. Hans Kernen, *Burnout-Prophylaxe. Erfolgreiches individuelles und institutionelles Ressourcenmanagement* [Prophylaxie du burn-out. Pour une gestion efficace des ressources individuelles et institutionnelles], Berne, 1997, p. 17 et 18.

26. Gerald Hüther, *Die Macht der inneren Bilder. Wie Visionen das Gehirn, den Menschen und die Welt verändern* [La Force des images intérieures. Ou comment les visions transforment le cerveau, l'homme et le monde], Göttingen, 2009, p. 9.

27. Erhart Kästner, *Die Stundentrommel vom Heiligen Berg Athos* [La Simandre du Mont-Athos], Wiesbaden, 1956, p. 78.

28. Byung-Chul Han enseigne la philosophie à l'université de Karlsruhe. Ses derniers ouvrages portent sur les normes comportementales imposées aux individus par le biais des schémas collectifs en vigueur dans nos sociétés.

29. Peter Handke, *Essai sur la fatigue, op. cit.*, p. 61-62.

30. *Ibid.*, p. 61.

31. *Ibid.*, p. 67.

32. *Ibid.*, p. 52.

33. *Ibid.*, p. 68.

34. *Ibid.*, p. 69.

35. Josef Pieper (1904-1997) était un philosophe catholique allemand, profondément marqué par la pensée de Thomas d'Aquin. Il a travaillé essentiellement sur les vertus cardinales et théologales. *Le Loisir* (1951) est considéré comme l'une de ses œuvres principales.

36. Josef Pieper, *Le Loisir, fondement de la culture*, trad. Pierre Blanc, Genève, Ad Solem, 2007, p. 26.

37. *Ibid.*, p. 24.

38. *À l'écoute des Pères du désert aujourd'hui*, trad. Dom Lucien Regnault, Éditions de Solesmes, 1989, p. 35.

39. *Ibid.*, p. 36.

40. Josef Pieper, *Le Loisir, op. cit.*, p. 42.

41. *Ibid.*, p. 41.

42. Martin Heidegger, *Être et temps*, trad. François Vezin, Paris, Gallimard, 1986, p. 220.

43. Évagre le Pontique, *Traité pratique ou le Moine*, trad. Paul Peternell, Abbaye de Bellefontaine, 1996, p. 98.

44. *Ibid.*, p. 125.

45. Platon, *Les Lois*, 653 c-d, in *Œuvres complètes*, t. XI, trad. E. des Places, Paris, Les Belles Lettres, 1976.

46. Josef Pieper, *Le Loisir, op. cit.*, p. 46.

47. *Ibid.*, p. 30.

48. Byung-Chul Han, *Müdigkeitsgesellschaft* [La Société de la fatigue], Berlin, 2010, p. 20.

49. *Ibid.*, p. 21.

50. *Ibid.*, p. 29.

51. *Ibid.*, p. 60.

52. *Ibid.*

53. Peter Handke, *Essai sur la fatigue, op. cit.*, p. 73.

54. Byung-Chul Han, *Müdigkeitsgesellschaft, op. cit.*, p. 61.

55. Josef Pieper, *Le Loisir, op. cit.*, p. 49.

56. Carl Gustav Jung, *Gesammelte Werke* [Œuvres complètes], vol 9/I, Olten, 1976.

Bibliographie

À l'écoute des pères du désert aujourd'hui, trad. Dom Lucien Regnault, Éditions de Solesmes, 1989.

Delp, Alfred, *Gesammelte Schriften. Aus dem Gefängnis* [Œuvres complètes. Écrits de captivité], vol. 4, Francfort, 1984.

Évagre le Pontique, *Traité pratique ou le Moine*, trad. Paul Peternell, Abbaye de Bellefontaine, 1996.

Fengler, Jörg, *Helfen macht müde. Zur Analyse und Bewältigung von Burnout und beruflicher Deformation* [Aider est source de fatigue. Analyse et maîtrise du burn-out et de la déformation professionnelle], Munich, 1998.

Greene, Graham, *La Fin d'une liaison*, trad. Marcelle Sibon, Paris, 10/18, 2000.

Grün, Anselm, *Mein Gebetbuch* [Mon livre de prières], Münsterschwarzach, 2010.

Han, Byung-Chul, *Müdigkeitsgesellschaft* [La Société de la fatigue], Berlin, 2010.

Handke, Peter, *Essai sur la fatigue*, trad. Georges-Arthur Goldschmidt, Paris, Gallimard, coll. « Folio », 1991.

Hesse, Hermann, *Siddharta*, trad. Joseph Delage, Le Livre de poche, 2010.

Hüther, Gerald, *Die Macht der inneren Bilder. Wie Visionen das Gehirn, den Menschen und die Welt verändern* [La Force des images intérieures. Ou comment les visions transforment le cerveau, l'homme et le monde], Göttingen, 2009.

Jung, Carl Gustav, *Gesammelte Werke* [Œuvres complètes], vol 9/I, Olten, 1976.

Kästner, Erhart, *Die Stundentrommel vom Heiligen Berg Athos* [La Simandre du Mont-Athos], Wiesbaden, 1956.

Kernen, Hans, *Burnout-Prophylaxe. Erfolgreiches individuelles und institutionelles Ressourcenmanagement* [Prophylaxie du burnout. Pour une gestion efficace des ressources individuelles et institutionnelles], Berne, 1997.

Pieper, Josef, *Le Loisir, fondement de la culture*, trad. Pierre Blanc, Genève, Ad Solem, 2007.

Treichler, Markus, *Der überforderte Mensch. Chronisch müde erschöpft ausgebrannt* [L'Homme surmené. Fatigue, épuisement, éreintement chroniques], Munich, 2001.

Table

Composition : Nord Compo
Impression : Imprimerie Floch, janvier 2013.
Éditions Albin Michel
22, rue Huyghens, 75014 Paris
www.albin-michel.fr

ISBN : 978-2-226-24642-4
N° d'édition : 20253/01 – N° d'impression : 83790
Dépôt légal : février 2013
Imprimé en France